新时代乡村振兴百问百答丛书　何丞/主编

农村

民生利益

百问百答

盖翊中/编著

SPM

南方出版传媒

广东人民出版社

·广州·

图书在版编目（CIP）数据

农村民生利益百问百答 ／ 盖翊中编著. —广州：广东人民出版社，2019.9
（新时代乡村振兴百问百答丛书）
ISBN 978-7-218-13689-9

Ⅰ. ①农… Ⅱ. ①盖… Ⅲ. ①农民—权益保护—中国—问题解答 Ⅳ. ①D422.6-44

中国版本图书馆 CIP 数据核字（2019）第 136850 号

NONGCUN MINSHENG LIYI BAIWENBAIDA
农村民生利益百问百答
盖翊中 编著

版权所有 翻印必究

出 版 人：肖风华

责任编辑：卢雪华 李尔王 李 钦
封面设计：末末美书
插画绘图：詹颖钰
责任技编：周 杰 吴彦斌 周星奎

出版发行：广东人民出版社
地 址：广州市海珠区新港西路 204 号 2 号楼（邮政编码：510300）
电 话：(020) 85716809（总编室）
传 真：(020) 85716872
网 址：http://www.gdpph.com
印 刷：佛山市浩文彩色印刷有限公司
开 本：889mm×1194mm 1/32
印 张：6.5 字 数：158 千
版 次：2019 年 9 月第 1 版 2019 年 9 月第 1 次印刷
定 价：28.00 元

如发现印装质量问题，影响阅读，请与出版社（020-85716808）联系调换。
售书热线：020-85716826

编委会

总 序

  党的十九大提出实施乡村振兴战略，是以习近平同志为核心的党中央着眼党和国家事业全局，深刻把握现代化建设规律和城乡关系变化特征，顺应亿万农民对美好生活的向往，对"三农"工作作出的重大决策部署，是新时代做好"三农"工作的总抓手。习近平总书记十分关心乡村振兴工作，多次对乡村振兴工作作出部署或者具体指示。比如，2017年12月习近平总书记主持召开中央农村工作会议，对走中国特色社会主义乡村振兴道路作出全面部署；2018年7月，习近平总书记对实施乡村振兴战略作出重要指示，强调各地区各部门要充分认识实施乡村振兴战略的重大意义，把实施乡村振兴战略摆在优先位置，坚持五级书记抓乡村振兴，让乡村振兴成为全党全社会的共同行动；2018年9月，习近平总书记在十九届中共中央政治局第八次集体学习会上，深刻阐述了实施乡村振兴战略的重大意义、总目标、总方针、总要求，强调实施乡村振兴战略要按规律办事，要注意处理好长期目标和短期目标的关系、顶层设计和基层探索的关系、充分发挥市场决定性作用和更好发挥政府作用的关系、增强群众获得感和适应发展阶段的关系；2018 年 12 月，在中央农村工作会议上，习近平总书记对做好"三农"工作作出重要指示，要求深入实施乡村振兴战略，对标全面建成小康社会必须完成的"硬任务"，适应国内外环境变化对我国农村改革发展提出的新要求，统一思想、坚定信心、落实工作，巩固发展农业农村好形势。中共中央国务院也先后出台了《关于实施乡村振兴战略的意见》和《乡村振兴战略规划（2018—2022 年)》，对乡村振兴工作作了安排部署。

面对新时代新形势新任务新要求，我们深深感到，习近平总书记关于做好"三农"工作的重要论述，是实施乡村振兴战略、做好新时代"三农"工作的理论指引和行动指南。可以说，我们在乡村振兴工作实践中遇到的一切问题，都可以从习近平总书记的论述中找到答案，那是我们推进乡村振兴工作实践的教科书。另一方面，广大农民和农村基层党员干部、"三农"工作者迫切需要把思想和行动统一到党中央关于"三农"工作的一系列决策部署上来，准确把握习近平总书记重要讲话和批示指示的丰富内涵和精神实质，坚持用习近平总书记关于做好"三农"工作的重要论述武装头脑、指导实践、推动工作。

鉴于此，我们策划了这套《新时代乡村振兴百问百答丛书》。丛书准确把握习近平总书记关于实施乡村振兴的重要讲话精神，按照乡村振兴"产业兴旺、生态宜居、乡风文明、治理有效、生活富裕"的总要求，从农村基层党建、产业乡村、美丽乡村、幸福乡村、平安乡村、文明乡村、健康乡村、富裕乡村、安全乡村等九个方面为切入点，帮助与引导相结合，既宣讲中央精神，引导广大农民充分发挥在乡村振兴中的主体作用，也阐述了农民和农村基层党员干部、"三农"工作者急迫需要知晓的乡村振兴政策法规知识和科学常识，在乡村振兴路上为农民释疑解惑。

丛书的几位编者或出身农民，或从事农村基层工作，又或从事"三农"的科研教学。编者们既能学懂弄通习近平总书记和中央关于"三农"工作的精神和政策法规，也懂农民，懂"三农"工作者，所以丛书有如下几个特点：

一是农民需要。结合新时代乡村振兴的特点，紧跟农民紧迫需要，普及知识政策与教育引导相结合。讲鼓励、扶持政策，也讲限制、禁止的法律法规。

二是方便实用。丛书采取一问一答的形式，立足于农民和农村基层党员干部、"三农"工作者的实际需求，方便随时查阅。每个主题又独立成册，有独立的逻辑框架，政策性、知识性和实用性、指导性相结合。

三是农民看得懂。通俗易懂，尊重农民和农村基层干部阅读习惯，提问精准，符合农民和农村基层干部实际需要，答问文字晓畅清晰、科学准确。

四是生动有趣。丛书面向全国读者，没有地域局限性，有典型案例或者视频介绍，帮助读者理解。

当然，鉴于时间和编者水平有限等因素，丛书难免有所错漏，欢迎广大读者批评指正。

丛书主编　何工

2019 年 8 月

目 录
CONTENTS

第一章 乡村振兴就是亿万农民的获得感、幸福感、安全感

1. 为什么说乡村振兴的根本目的就是要让亿万农民有更多
   实实在在的获得感、幸福感、安全感？ / 003
2. 如何加强农村基础设施建设？ / 004
3. 如何深化农村土地制度改革？ / 005
4. 如何增加农村公共服务供给？ / 007
5. 如何加快农业转移人口市民化？ / 010

第二章 城乡公共服务均等化

6. 什么是城乡公共服务均等化？ / 015

7. 公共服务均等化有什么特点？　/ 015

8. 城乡公共服务均等化有什么现实意义？　/ 016

9. 目前农民在享受公共服务方面遇到的不便有哪些？　/ 018

10. 如何努力实现城乡公共服务均等化这一目标？　/ 019

11. 城乡公共服务均等化进程会为农村、农民带来哪些实实在在的福利提升？　/ 021

12. 农村、私人企业和个人可以通过哪些途径加快城乡公共服务均等化进程？　/ 023

13. 农民可以在城市中享有哪些公共服务？　/ 025

14. 由于户籍的原因农民享受城市待遇时会受到哪些限制？　/ 027

15. 国家和政府会作出哪些努力以消除农民在城市享有公共服务的限制？　/ 028

第三章　入户入学

16. 什么是公共集体户？它与个人户口有什么区别？进城务工人员落户有哪几种渠道以及有哪些要求？　/ 033

17. 农村居民有什么价值？　/ 042

18. 进城务工人员入户城市有什么好处？需要满足哪些条件？　/ 043

19. 积分制服务管理的积分指标体系的构成是怎样的？　/ 045

20. 为什么积分制服务管理要设减分指标？减分指标中的

"信用不良记录"具体包括什么？ / 046

21. 积分制服务管理如何体现"租购同权"？积分如何进行
    调整？ / 047

22. 积分入学是什么？怎样申请积分入学？ / 048

23. 进城务工人员就业创业，国家有哪些方面的支持和帮扶？
    / 049

24. 农民意外伤病或者进城务工时受了工伤，国家和政府有
    哪些资助和帮扶？ / 051

25. 国家能够通过什么方式帮助农民解决在接受医疗服务时
    遇到的种种困难？ / 052

第四章 农民房屋问题

26. 申请农村宅基地需要什么条件？继承农村宅基地有何
    规定？ / 055

27. 何为农村宅基地"一户一宅"政策？ / 056

28. 有哪些农村危房改造政策？ / 057

29. 有哪些农村房屋确权政策？ / 058

30. 何为农村宅基地"三权分置"试点？农村宅基地"三权
    分置"有什么作用？ / 059

31. 农村宅基地"三权分置"改革将带来哪些红利？ / 060

32. 农村宅基地买卖政策是怎么规定的？ / 061

33. 宅基地使用权连同房屋所有权如何转移？ / 062

34. 农村房屋在哪些情况下不能确权? / 063

35. 为何要开展农村人居环境整治三年行动? / 064

第五章 农村客运交通

36. 农村公路建设"七公开"内容有哪些? / 067

37. 何为村村通公路工程? 村村通公路标准是什么? / 068

38. 如何筹集和使用农村公路养护管理资金? / 069

39. 如何开展农村公路养护工作? / 070

40. 广东省如何推动农村客运工作? / 071

41. 如何加快建设城乡道路客运服务保障网络? / 073

42. 如何加快提升农村客运普遍服务能力? / 074

43. 如何科学合理地建立城乡道路客运票制票价体系? / 076

44. 何为农村客运区域经营制度? / 076

45. 如何慢慢完善农村客运站场建、管、运体制? / 078

46. 如何加快农村客运线路网络化建设? / 079

47. 农村客运经营的条件及许可方式有哪些? / 080

48. 如何提高农村道路交通安全水平? / 081

第六章 农村医疗保险问题

49. 什么是"新农合"? / 089

50. "新农合"保障的范围有哪些？报销标准是怎样的？
　　　／089

51. 不归"新农合"保障的内容有哪些？有哪些注意事项？
　　　／091

52. 目前"新农合"体系存在哪些问题和不足之处？　／092

53. 今后国家和社会将会作出哪些努力来改善"新农合"
　　体系？　／093

54. 什么是"新农保"？　／095

55. 参保"新农保"需要注意什么规则？　／097

56. 为什么一部分农民不愿意缴纳"新农保"？　／098

57. 针对"新农保"现存的一些不足，国家和政府还会作出
　　哪些努力？　／100

第七章　乡村教育问题

58. 除经济发展因素外，我国的山区、农村自身存在哪些原因
　　导致教育质量较差？　／107

59. 我国政府作出了哪些努力来提高山区、农村等欠发达地区
　　的基础教育水平？　／109

60. 日后的乡村建设会给农村孩子的教育给予哪些方面的
　　提升？　／111

第八章 保护农民消费者权益

61. 什么是消费者权益？有何专项法规？ / 115

62. 作为农村消费者，我们必须明白经营者有哪些义务？ / 117

63. 什么是欺诈消费者的行为？经营者欺诈消费者会受到哪些处罚和赔偿？ / 119

64. 农村消费者维权时遇到的困难有哪些？ / 121

65. 常见的农村消费骗局有哪些？ / 123

66. 当消费者与经营者发生消费者权益争议时，有哪些投诉渠道？ / 126

67. 什么是消费者协会？它具有哪些职责？ / 126

68. 消费者如何向消费者协会进行投诉？什么情况下消费者协会不予受理？ / 128

69. 国家和政府会从哪些方面保障农村消费者的权益？ / 130

70. 如何防范因购买即将过期甚至是过期的食品而造成自己的权益受损？ / 133

71. 类似"一经出售，概不退换"的标语或说辞是否具有法律效力？ / 135

第九章 假冒伪劣商品

72. 什么是假冒伪劣商品？常见的形式是什么？　/ 139

73. 目前农村假冒伪劣商品的现状如何？　/ 140

74. 作为消费者，我们应该如何鉴别假冒伪劣商品？　/ 141

75. 应该怎样辨别假化肥、假农药？　/ 146

76. "五毛食品"有哪些危害？　/ 149

77. 经营者销售"五毛食品"会受到哪些处罚？　/ 150

78. 在农村实体商店购买到假冒伪劣商品时，我们应该如何
维护自己的权益？　/ 154

79. 当我们在电子商务平台购买到假冒伪劣商品时，我们应该
怎样维护自己的权益？　/ 156

80. 对于假冒伪劣商品泛滥农村的现象，今后国家会如何监督
市场，为农村消费者营造安全放心的消费环境？　/ 158

81. 政府与农村消费者、经营者可以通过哪些途径共同协调
打击这些假冒伪劣商品？　/ 161

第十章 农村网购问题

82. 正确的网上购物流程是什么？应该如何选择付款方式？
/ 165

83. 消费者应该如何正确地进行网上购物？ / 166

84. 常见的网络诈骗手段有哪些？消费者应该如何提防？
/ 169

85. 消费者在网购时应如何提高防范意识，避免掉入各种消费
陷阱？ / 171

86. 消费者在网购中遇到诈骗或者交易中产生纠纷应该如何
维权？ / 173

87. 怎样的商品不适用于七日无理由退货？ / 175

88. 网购商品延期发货是否构成消费欺诈？遇到这种情况应该
怎么做？ / 177

89. 消费者向微商或者代购购买到的是假冒伪劣商品时，其
消费者权益能否受到保障？ / 179

90.《中华人民共和国电子商务法》如何保护消费者知情权、
选择权、公平交易权？ / 180

91.《中华人民共和国电子商务法》对维护消费权益有哪些
便利措施？ / 186

后记 / 191

第一章

乡村振兴就是亿万农民的获得感、幸福感、安全感

幸福乡村

1. 为什么说乡村振兴的根本目的就是要让亿万农民有更多实实在在的获得感、幸福感、安全感?

2018 年 9 月 21 日,首个"中国农民丰收节"来临之际,中共中央政治局就实施乡村振兴战略进行第八次集体学习。习近平总书记在主持学习时发表了重要讲话,强调了几个"关系"。其中强调要增强群众获得感和适应发展阶段的关系,要围绕农民群众最关心、最直接、最现实的利益问题,加快补齐农村发展和民生短板,让亿万农民有更多实实在在的获得感、幸福感、安全感,同时要形成可持续发展的长效机制,坚持尽力而为、量力而行,不能提脱离实际的目标,更不能搞形式主义和"形象工程"。

没有全民小康,就没有全面小康。小康路上,一个都不能少;在奔向共同富裕的路上,一个都不能掉队。今后几年,影响全面小康的短板在"民生",解决发展不全面的难题,就要解决不同社会群体的民生保障和改善问题,就要持续加大保障和改善民生力度,保障基本民生,建成让改革开放成果公平地惠及全体人民的全面小康。

小康不小康,关键看老乡,全面小康不能落下广大农村地区特别是欠发达地区的农村。加快缩小城乡及区域经济社会发展差距,缩小路、电、水等基础设施及基本公共服务均等化、人民生活水平等方面的差距,这是全面小康的必要条件之一。

2. 如何加强农村基础设施建设？

　　根据《中共中央　国务院关于坚持农业农村优先发展做好"三农"工作的若干意见》，推进农村饮水安全巩固提升工程，加强农村饮用水水源地保护，加快解决农村"吃水难"和饮水不安全问题。全面推进"四好农村路"建设，加大"路长制"和示范县实施力度，实现具备条件的建制村全部通硬化路，有条件的地区向自然村延伸，加强村内道路建设。全面实施乡村电气化提升工程，加快完成新一轮农村电网改造。完善县、乡、村物流基础设施网络，支持产地建设农产品贮藏保鲜、分级包装等设施，鼓励企业在县、乡和具备条件的村建立物流配送网点。加快推进宽带网络向村庄延伸，推进提速降费。继续推进农村危房改造。健全村庄基础设施建管长效机制，明确各方管护责任，鼓励地方将管护费用纳入财政预算。

　　中共中央、国务院印发《乡村振兴战略规划（2018—2022年)》，继续把基础设施建设重点放在农村，持续加大投入力度，加快补齐农村基础设施短板，促进城乡基础设施互联互通，推动农村基础设施提档升级。

　　《中共中央　国务院关于实施乡村振兴战略的意见》要求推动农村基础设施提档升级。继续把基础设施建设重点放在农村，加快农村公路、供水、供气、环保、电网、物流、信息、广播电视等相关基础设施建设，推动城乡基础设施互联互通。以示范县为载体，全面推进"四好农村路"建设，加快实施通村公路硬化路建设。加大成品油消费税转移支付资金用于农村公路养护力度。推进节水供水重大水利工程，实施农村饮水安全巩固提升工程。加快农村电网新一轮改造升级，制定农村通动力电规划，推进农村可再生能源开发利用。实施数字乡村战略，做好整体规划设计，加快农村地区宽带网络和第四代移动通信网络覆盖步伐，开发适应"三农"（农村、农业、农民）特点的信息技术、产品、应用和服务，推动远程医疗、远程教育等应用普及，弥合城乡数字鸿沟。提升气象为农服务能力。加强农村防灾减灾救灾能力建设。抓紧研究提出深化农村公共基础设施管护体制改革指导意见。

3. 如何深化农村土地制度改革？

根据《中共中央 国务院关于实施乡村振兴战略的意见》，系统总结农村土地征收、集体经营性建设用地入市、宅基地制度改革试点经验，逐步扩大试点，加快土地管理法修改，完善农村土地利用管理政策体系。扎实推进房地一体的农村集体建设用地和宅基地使用权确权登记颁证。完善农民闲置宅基地和闲置农房政策，探索宅基地所有权、资格权、使用权"三权分置"，保障宅基地集体所有权，保障宅基地农户资格权和农民房屋财产权，适度放活宅基地和农民房屋使用权，不得违规违法买卖宅基地，严格实行土地用途管制，严格禁止城市居民下乡利用农村宅基地建设别墅大院和私人会馆。在符合土地利用总体规划的前提下，允许县级政府通过规划村土地，调整优化村庄用地布局，有效利用农村零星分散的存量建设用地；预留部分规划建设用地指标，用于单独选址的农业设施和休闲旅游设施等建设。对利用收储农村闲置建设用地发展农村新产业新业态的，给予新增建设用地指标奖励。进一步完善设施农用地管理相关政策。

根据《中共中央 国务院关于坚持农业农村优先发展做好"三农"工作的若干意见》，保持农村土地承包关系稳定并长久不变，研究出台配套政策，指导各地明确第二轮土地承包到期后延包的具体办法，确保政策衔接平稳过渡。完善落实集体所有权、稳定农户承包权、放活土地经营权的法律法规和政策体系。在基本完成承包地确权登记颁证工作基础上，开展"回头看"，做好收尾工作，妥善解决遗留问题，将土地承包经营权证书发放至农户手中。健全土地流转规范管理制度，发展多种形式农业适度规模经营，允许承包土地的经营权担保融资。总结好农村土地制度三项改革试点经验，巩固改革成果。坚持农村土地集体所有，不搞私有化；坚持农地农用，防止非农化；坚持保障农民土地权益，不得以退出承包地和宅基地作为农民进城落户条件，进一步深化农村土地制度改革。在修改相关法律的基础上，完善配套制度，全面推开农村土地征收制度改革和农村集体经营性建设用地入市改革，加快建立城乡统一的建设用地市场。加快推进宅基地使用权确权登记颁证工作，力争 2020 年基本完成相关工作。稳慎推进农村宅基地制度改革，拓展改革试点，丰富试点内容，完善制度设计。抓紧制订加强农村宅基地管理指导意见。研究起草农村宅基地使用条例。开展闲置宅基地复垦试点。在县域内开展全域乡村闲置校舍、厂房、废弃地等整治，盘活建设用地，重点用于支持乡村新产业新业态和返乡下乡创业。严格农业设施用地管理，满足合理需求。巩固"大棚房"问题整治成果。按照"取之于农，主要用之于农"的要求，调整完善土地出让收入使用范围，提高农业农村投入比例，重点用于农村人居环境整治、村庄基础设施建设和高标准农田建设。扎实开展新增耕地指标和城乡建设用地增减挂钩节余指标跨省域调剂使用，调剂收益全部用于巩固脱贫攻坚成果和支持乡村振兴。加快修订土地管理法、物权法等法律法规。

4. 如何增加农村公共服务供给？

根据《中共中央　国务院关于坚持农业农村优先发展做好"三农"工作的若干意见》，全面提升农村教育、医疗卫生、社会保障、养老、文化体育等公共服务水平，加快推进城乡基本公共服务均等化。推进城乡义务教育一体化，深入实施农村义务教育学生营养改善计划。实施高中阶段教育普及攻坚计划，加强农村儿童健康改善和早期教育、学前教育。加快标准化村卫生室建设，实施全科医生特岗计划。建立健全统一的城乡居民基本医疗保险制度，同步整合城乡居民大病保险。完善城乡居民基本养老保险待遇确定和基础养老金调整机制。统筹城乡社会救助体系，完善最低生活保障制度、优抚安置制度。加快推进农村基层综合性文化服务中心建设。完善农村留守儿童和妇女、老年人关爱服务体系，支持多层次农村养老事业发展，加强和改善农村残疾人服务。推动建立城乡统筹的基本公共服务经费投入机制，完善农村基本公共服务标准。

中共中央、国务院印发《乡村振兴战略规划（2018—2022年)》，继续把国家社会事业发展的重点放在农村，促进公共教育、医疗卫生、社会保障等资源向农村倾斜，逐步建立健全全民覆盖、普惠共享、城乡一体的基本公共服务体系，推进城乡基本公共服务均等化。

（1）优先发展农村教育事业。统筹规划布局农村基础教育学校，保障学生就近享有有质量的教育。科学推进义务教育公办学校标准化建设，全面改善贫困地区义务教育薄弱学校基本办学条件，加强寄宿制学校建设，提高乡村教育质量，实现县域校际资源均衡配置。

（2）推进健康乡村建设。深入实施国家基本公共卫生服务项目，完善基本公共卫生服务项目补助政策，提供基础性、全方位、全周期的健康管理服务。深化农村计划生育管理服务改革，落实全面两孩政策。增强妇幼健康服务能力，倡导优生优育。切实加强乡村医生队伍建设，支持并推动乡村医生申请执业（助理）医师资格。

（3）加强农村社会保障体系建设。按照兜底线、织密网、建机制的要求，全面建成覆盖全民、城乡统筹、权责清晰、保障适度、可持续的多层次社会保障体系。进一步完善城乡居民基本养老保险制度，加快建立城乡居民基本养老保险待遇确定和基础养老金调整机制。完善统一的城乡居民基本医疗保险制度和大病保险制度，做好农民重特大疾病救助工作，健全医疗救助与基本医疗保险、城乡居民大病保险及相关保障制度的衔接机制，确保城乡居民医保全国异地就医联网直接结算。推进低保制度城乡统筹发展，健全低保标准动态调整机制。全面实施特困人员救助供养制度，提升托底保障能力和服务质量。加强和改善农村残疾人服务，将残疾人普遍纳入社会保障体系，予以保障和帮助。

（4）提升农村养老服务能力。适应农村人口老龄化加剧形势，加快建立"以居家为基础、社区为依托、机构为补充"的多层次农村养老服务体系。以乡镇为中心，建立具有综合服务功能、医养相结合的养老机构，与农村基本公共服务、农村特困供养服务、农村互助养老服务相互配合，形成农村基本养老服务网络。提高乡村卫生服务机构为老年人提供医疗保健服务的能力。支持主要面向失能、半失能老年人的农村养老服务设施建设，推进农村幸福院等互助型养老服务发展，建立健全农村留守老年人关爱服务体系。开发农村康养产业项目。

（5）加强农村防灾减灾救灾能力建设。坚持以防为主、防抗救相结合，坚持常态减灾与非常态救灾相统一，全面提高抵御各类灾害综合防范能力。加强农村自然灾害监测预报预警，解决农村预警信息发布"最后一公里"问题。加强防灾减灾工程建设，推进实施自然灾害高风险区农村困难群众危房改造。

全面深化森林、草原火灾防控治理。大力推进农村公共消防设施、消防力量和消防安全管理组织建设，改善农村消防安全条件。推进自然灾害救助物资储备体系建设。

5. 如何加快农业转移人口市民化?

加快推进户籍制度改革，全面实行居住证制度，促进有能力在城镇稳定就业和生活的农业转移人口有序实现市民化。

（1）健全落户制度。鼓励各地进一步放宽落户条件，除极少数超大城市外，允许农业转移人口在就业地落户，优先解决农村学生升学和参军进入城镇的人口、在城镇就业居住5年以上和举家迁徙的农业转移人口以及新生代农民工落户问题。区分超大城市和特大城市主城区、郊区、新区等区域，分类制定落户政策，重点解决符合条件的普通劳动者落户问题。全面实行居住证制度，确保各地居住证申领门槛不高于国家标准、享受的各项基本公共服务和办事便利不低于国家标准，推进居住证制度覆盖全部未落户城镇常住人口。

（2）保障享有权益。不断扩大城镇基本公共服务覆盖面，保障符合条件的未落户农民工在流入地平等享受城镇基本公共服务。通过多种方式增加学位供给，保障农民工随迁子女以流入地公办学校为主接受义务教育，以普惠性幼儿园为主接受学前教育。完善就业失业登记管理制度，面向农业转移人口全面提供政府补贴职业技能培训服务。将农业转移人口纳入社区卫生和计划生育服务体系，提供基本医疗卫生服务。把进城落户农民完全纳入城镇社会保障体系，在农村参加的养老保险和医疗保险规范接入城镇社会保障体系，做好基本医疗保险关系转移接续和异地就医结算工作。把进城落户农民完全纳入城镇住房保障体系，对符合条件的采取多种方式满足其基本住房需求。

（3）完善激励机制。维护进城落户农民"三权"（土地承包经营权、宅基地使用权、集体收益分配权），引导进城落户农民依法自愿有偿转让上述权益。加快户籍变动与"三权"脱钩，不得以退出"三权"作为农民进城落户的条件，促使有条件的农业转移人口放心落户城镇。落实支持农业转移人口市民化财政政策，以及城镇建设用地增加规模与吸纳农业转移人口落户数量挂钩政策，健全由政府、企业、个人共同参与的市民化成本分担机制。

6. 什么是城乡公共服务均等化?

城乡公共服务均等化主要是针对目前我国各种社会公共资源分配不均的问题。当前,我国各个地区之间、城乡之间、不同群体之间在基础教育、公共医疗、社会保障等基本公共服务方面的差距较大,并已成为社会公平、公正的焦点问题之一。而公共服务均等化是公共财政的基本目标之一,是指政府要为社会公众提供基本的、在不同阶段具有不同标准的、最终大致均等的公共物品和公共服务。

7. 公共服务均等化有什么特点?

公共服务均等化的主要特点:其一,公共服务着眼于满足社会公共需要。社会公共需要是人类社会为解决所面临的公共问题而产生的共同的、整体的、综合的和理性的需要,是一般社会需要的抽象,是维持社会存在和社会发展正常进行的基础条件。社会公共需要具有整体性和强制性,是由所有社会成员作为一个整体共同提出的,不是私人需要的简单加总,必须由整个社会集中执行和组织，并且主要依靠政治权力，动用强制性的手段来满足，而不能根据个人意愿、通过市场交换的行为来实现。公共服务以满足社会公共需要为出发点和落脚点。其二，公共服务包含价值判断，应为公民普遍公平享有。在一定社会经济条件下，必需的、关系基本人权的公共服务必然应为公民普遍公平享有，每个公民都有享有公共服务的权利，公共服务应覆盖全社会。许多国家都以法律的形式作出规定，明确提出公民有享有公共服务的权利。

作为城乡一体化建设的关键内容，基本公共服务均等化不但可以纠正公共服务结构的失衡，让广大农民群众同城市居民共同享有同质同量的基本公共服务，还能更好地化解我国社会的主要矛盾，促进城乡经济协调发展。当前至以后的很长时间内，政府需要在义务教育、医疗卫生和基础设施建设等领域不断加大投入力度，促进农村经济社会的发展和进步。

8. 城乡公共服务均等化有什么现实意义？

公共服务均等化有助于公平分配，实现公平和效率的统一。实行公共服务均等化对于当前处于社会主义初级阶段的中国而言具有非同寻常的重大意义。当城市及城市居民先富起来后，城镇便占据了大部分的社会公共资源，这使得农村和农村居民在一定程度上享受不到社会、经济发展的成果，尤其在医疗、教育方面的差距更是较大。基本公共服务均等化是缩小城乡差距和贫富差距以及地区间不均衡发展的重要途径，当这一目标基本实现后，城乡居民便能够享有大致均等的公共物品和公共服务，全民共有美好生活、人人共享优质教育、城乡共享繁荣发展成果。

预计到 2020 年，基本公共服务体系将更加完善，体制机制更加健全，在学有所教、劳有所得、病有所医、老有所养、住有所居等方面持续取得新进展，基本公共服务均等化总体实现。

（1）均等化水平稳步提高。城乡区域间基本公共服务大体均衡，贫困地区基本公共服务主要领域指标接近全国平均水平，广大群众享有基本公共服务的可及性显著提高。

（2）全面建立标准体系。基本建立国家基本公共服务清单，标准体系更加明确并实现动态调整，各领域建设类、管理类、服务类标准基本完善并有效实施。

（3）巩固健全保障机制。基本公共服务供给保障措施更加完善，基层服务基础进一步夯实，人才队伍不断壮大，供给模式创新提效，可持续发展的长效机制基本形成。

（4）制度规范基本成型。各领域制度规范衔接配套基本完备，服务提供和享有有规可循、有责可究，基本公共服务依法治理水平明显提升。

9. 目前农民在享受公共服务方面遇到的不便有哪些？

　　主要矛盾集中在基本公共服务供给总量受限这一方面。在中国部分地区，农村基本公共服务的供给明显不足，甚至可以说，在个别农村地区还无法享受到城市居民能够享受到的基本公共服务。比如，看病难、看病贵，上学难、上学贵的难题依旧存在。对很多农村家庭来说，看病和受教育都是十分沉重的负担，而城市教育系统发展良好，生活在城市中的孩子能享受到良好、低成本的教育福利和教育便利。此外，对部分农村地区来说，医疗卫生资源的供应十分有限，即便近年来中国推行了"新农合"（新型农村合作医疗），但不断增加的保险费用和有限的报销项目，使得农民的就医压力依旧很大。

　　在其他方面，如基本公共服务供给方面，存在着绩效缺位问题。政府在基本公共服务领域内的投资与快速增长的财政支出和经济体量相比，还相差甚远，特别是在部分民生与公共安全领域，其投资增长更加缓慢，难以充分满足城乡居民对基本公共服务的诉求。此外，在基本公共服务供给实效方面，由于供给主体较为单一，政府始终处在垄断的位置。更为重要的是，部分地方政府经常出现职责模糊、办事效率低下、监管不力等问题，使得基本公共服务的供给更加低效。

还有基本公共服务供给质量失衡的问题。一个基本的事实是，对于同种类的基本公共服务，乡村的质量较差，城市的质量较高。基于此，城市居民的维权意识与参与意识要明显高于农村居民。与此同时，由于城市在法律和监督机制方面配套更加完善，城市居民可以针对政府提供的基本公共服务进行充分监督，促使政府提供更高质量的基础公共服务。可是，在很多农村地区，由于政府财力十分有限，人们对政府行为的监管相对缺位，使得农民的参与意识和维权意识相对薄弱。而一旦利益诉求和表达渠道受阻，就给农村基本公共服务的供给带来诸多隐患。

不过，均等化并非数量上的绝对平均，也并非全体公民均要享受到等质等量的公共服务，而是要在基本民生领域中最大限度缩小彼此之间的差距，最大限度确保城乡居民均可以享受到基本公共服务。即便这一要求"不高"，但是由于基本公共服务供给总量有限、基本公共服务供给绩效缺位、基本公共服务供给质量失衡等原因，城乡基本公共服务均等化长期处在困境之中。

10. 如何努力实现城乡公共服务均等化这一目标？

关于城乡基本公共服务均等化的实现路径，已有的国内外经验表明，城乡基本公共服务均等化不但可以促进城乡之间的协调发展，让百姓的获得感更高，还能提高公共资源的配置效率，缩小城乡之间的发展差距。但是，中国城乡基本公共服务均等化面临诸多现实困境，均等化失衡问题依旧突出。为了摆脱困境，除了要以新发展理念引领城乡基本公共服务均等化外，还应优化城乡基本公共服务的供给模式，满足农民的多样化诉求。

（1）以新发展理念引领城乡基本公共服务均等化。"十三五"规划重申了"创新、协调、绿色、开放、共享"五大发展理念。消除城乡基本公共服务均等化的现实困境，需要各级政府和社会组织秉承新发展理念，提高对农村地区公共服务的投入力度，强化农村基本公共服务水平。同时，要注重生态环境保护工作，按照"乡村振兴"战略的指引，对农村地区的生活垃圾进行高效处理。一方面要改变之前乱倒乱放的行为，另一方面要借助"厕所革命"的契机，为农村地区基本公共服务均等化创造更多条件。这样一来，在提升农村基本公共服务之后，势必会提升农村吸引力，这对于实现农村城镇化，实现生态环境和人的协调发展是大有裨益的。

（2）优化城乡基本公共服务的供给模式。为了消除城乡基本公共服务均等化的现实困境，需要优化城乡基本公共服务的供给模式。而为了实现这一点，就应要求"城市"不再持有"城市偏向思想"，"农村"不再被"农村中心论"所束缚。正确的做法是，按照城乡之间的差异，以公正、客观的态度制订有利于农村发展进步的基本公共服务均等化制度，然后按照时代发展诉求对制度和相关政策进行灵活调整。期间，应将依法治国理念贯穿和落实至城乡基本公共服务均等化的进程当中。比如，要解决游离在道德和法律之间的敏感问题，完善法律法规，让城乡之间更加和谐与稳定。此外，政府还应尽量补齐市场调节的短板，让政府宏观调控能够真正落至实处，发挥应有的作用并确保其公平性和公正性。

（3）基于新时代主要矛盾，满足农民的多样化诉求。面对农村地区诉求最多的基本公共服务，主要应该在以下方面作出更多努力：首先，在整体上完善农村公共文化服务体系，全面落实文化惠民政策，通过对农村文化资源的整合与共享，让基层文化发挥出外溢效应，借此提高农村基本公共服务水平，最大限度地满足农村居民的诉求，使之能够与城市居民一样享受到基本公共服务，以此提升其获得感与幸福感。其次，优化农村教育体系，构建城乡统一和重在农村的教育专项经费制度。同时，重点普及高中教育，让困难学生获得能够完成学业的必要资助。当然，为了实现这一点，需要推进乡村教师队伍建设，让更多优秀教师服务乡村。最后，在农村地区全面实施农民大病保险制度，通过医疗资源的流动，不断健全乡村医疗救助体系，最大限度地提升社会医疗资源的利用率。

11. 城乡公共服务均等化进程会为农村、农民带来哪些实实在在的福利提升？

（1）基本公共教育方面：保障九年义务教育、均衡义务教育基本县（市、区）的比例、增加农村学校老师人数、提高农村学校老师工资福利等待遇、完善农村学校教育设备（以电子信息设备和体育设施为主）。

（2）基本劳动就业创业方面：新增城镇就业岗位增加就业人数、为农民工提供职业技能培训、增加租赁农用器械数量、降低农民购买农用器械贷款的费率。

（3）基本社会保险（简称"社保"）方面：提高基本养老保险参保率、提高基本医疗保险参保率、落实保费快速到账。

（4）基本医疗卫生方面：降低医院运营成本、降低诊费医药费、提高医疗人员待遇、降低孕产妇死亡率、降低婴儿死亡率、降低5岁以下儿童死亡率、提高全民疫苗接种率。

（5）基本社会服务方面：增加农村公共养老院数量、增加农村公共养老院床位数量、提高养老床位中护理型床位比例、提高生活不能自理特困人员集中供养率、增加养老护理工作人员人数。

（6）基本住房保障方面：实施城镇棚户区住房改造，对建档立卡贫困户、低保户、农村分散供养特困人员、贫困残疾人家庭四类重点对象的农村危房进行改造，加固或改造农村自建房屋。

（7）基本公共文化体育方面：新建农村公共图书馆、增加公共图书馆年流通人次、新建农村文化馆（站）、增加文化馆（站）年服务人次、提升广播和电视人口综合覆盖率、提升国民综合阅读率、增加农村公共体育设施数量、增加经常参加体育锻炼人数。

（8）残疾人基本公共服务方面：提升困难残疾人生活补贴

和重度残疾人护理补贴覆盖率、提升残疾人基本康复服务覆盖率、提高残疾人生活补贴金水平。

12. 农村、私人企业和个人可以通过哪些途径加快城乡公共服务均等化进程?

（1）加快农村经济发展，夯实农村基本公共服务发展的经济基础。农村基本公共服务水平的提高必然要依赖农村经济的发展，因此，提高农村基本公共服务水平、缩小城乡差距的根本在于加速农村经济的发展。为此，一是大力发展农村生产力，发展现代化农业，千方百计提高农业经济收入。二是进一步完善农村土地承包制，实现每块土地登记到户，加快土地流转制度改革，实现土地资源的高效配置和规模经营。

（2）深化农村综合改革，尽快完善城乡统一的公共服务体制。一是农村跟进完善城乡统一的义务教育体制，进一步明确乡镇政府在农村义务教育方面的支出责任，把原来的学杂费规范地转换为中央、省、市县、乡镇的政府投入，通过中央和省级政府进一步的经费追加，逐步缩小城乡义务教育办学条件和教育质量的差距。二是乡镇政府协调城乡公共医疗卫生事业的发展，逐步建立农村公共卫生经费保障机制，加快建立和推广新型农村合作医疗制度，保障农民享有卫生保健和基本医疗服务。三是乡镇政府积极与城镇合作，建立城乡可衔接的农村社会保障体系，特别要妥善解决失地农民和进城农民工的社会保障问题，着力推进农村"五保"（保吃、保穿、保住、保医、保葬）供养、特困户救助等制度建设，积极探索建立符合农村特点的养老保障制度。四是统筹城乡基础设施建设，在农村基础设施建设纳入国家长期发展规划后，乡镇政府更应该加快公共基础设施建设的延伸、公共服务的覆盖，不断改善农民的生产生活条件。

（3）创新农村公共产品供给模式，建立多元化的供给机制。目前，在乡镇财政短缺、农村经济发展水平相对偏低、农民生产剩余较少的情况下，农村公共产品供给的增加只能是一种较低水平的改善。为了尽快提高农村基本公共服务水平，应构建多元化的农村公共产品供给机制。乡镇政府可以通过引入民间资本，动员社会各方力量，形成以公共财政为主体，社会各方共同参与的农村公共产品供给机制。农村纯公共产品，如公共治安、环境治理、义务教育等应由政府提供。但由政府提供并不是说这些产品一定要由政府生产，政府可以通过合同的形式引进私人投资或直接交由私人生产，然后再由政府购买。农村准公共产品，如农业科技推广、中小型水利工程等可由政府和私人混合提供。政府采用财政补助、税收优惠等政策，在明确产权的前提下，按照"谁投资，谁收益"的原则引导私人资本进入。

13. 农民可以在城市中享有哪些公共服务？

现今，中国大部分城市的农民进城务工人员，已经可以在以下三个方面享受到城市居民待遇：

（1）在职工社保待遇方面，进城务工人员已经享受城镇职工同等社保待遇。进城务工人员已被逐步全面纳入我国城镇职工社会保险覆盖范围，平等享受与城镇职工同样的养老、医疗、失业以及生育保险待遇。到 2019 年，我国已扩大进城务工人员参加城镇职工社会保险覆盖面，其中包括：实施全民参保登记计划，依法将与用人单位建立稳定劳动关系的进城务工人员纳入城镇职工基本养老保险和基本医疗保险范围，并按规定办理社会保险关系转移接续手续；针对进城灵活就业的农民，鼓励其参加城镇灵活就业人员职工基本养老保险和职工基本医疗保险；推动进城务工人员与城镇职工平等参加失业保险、生育保险并平等享受相应待遇。而针对进城务工人员进城务工期间最为急需的工伤保险，我国已启动实施相应的进城务工人员工伤保险参保制度，我国将重点组织开展建筑业进城务工人员参加工伤保险专项扩面行动和建筑业进城务工人员工伤维权工作情况专项督查，切实保障进城务工人员特别是建筑业进城务工人员工伤保险权益，最终努力实现用人单位的进城务工人员全部参加工伤保险。尤其是针对劳务派遣单位或用工单位侵害被派遭进城务工人员社会保险权益的,我国劳动监察、社保监督部门将联手依法及时纠正,保障进城务工人员正当的社保权益。今后,我国各地市将进一步提高最低工资标准,促进进城务工人员工资水平合理增长,推动实现进城务工人员与城镇职工同工同酬。

(2)在职工养老待遇方面:①"新农合"免费领取养老金。在农村,只要老人年满60周岁,就有免费领取养老金的权利,老人可直接到地方人力资源和社会保障局领取基础养老金每个月80元(标准会上涨)。当然,由于各地经济水平不同,所领取的金额也各不相同。②没有土地的农民获取养老保险金。现在农村有一部分农民没有土地,没有养老的保障,政府将从征用土地收益中直接扣除一部分资金用于给失地农民交纳养老保险,从失地的那一个月开始就能领取养老保险金。政策规定,失地农民男性年龄在45~60周岁的、女性在40~55周岁的,失地缴费不得少于15年,交不够的要补缴;男性年龄正好在60周岁以上、女性在55周岁以上的,不用缴费每月直接领取养老金。③养老保险一次补齐可领取上千元,之前养老金缴费需要按年缴纳,新政策出台之后,可以一次性补缴全部,等到60岁之后,每月领取1000多元。④农民享受城市职工养老待遇,农民可参加企业职工养老保险,失地农民、一次性补缴养老保险的农民都可以享受与城镇职工养老同样的待遇。

(3)其他方面,有城市居住证的进城务工人员可以享受到:①当地户籍人口同等的基本公共服务。②进城农民的子女也将平等享有受教育权利。③社会保障体系一致。④促进创业就业培训。⑤对进城落户的农民土地权益的保障。

14. 由于户籍的原因农民享受城市待遇时会受到哪些限制？

虽然现在国家和政府已在农民享受城市待遇时作出了很多努力，取得了许多卓有成效的进步，解决了老百姓遇到的诸多问题，然而就现今而言，国家和政府依然不能面面俱到地满足在城市打拼的农民的所有需求，以下的一些问题也是农民生活在城市之中亟待解决的：①农村居民不能顺畅便捷地办理各项证件及证明。②农村户籍的居民在城市求职应聘某些岗位时需要找人作城市户口担保（很多公司的一些岗位都要城市户口或要求城市户籍持有人作担保）。③社会保险方面，除了医保要高些外，城市户口的女性，生育时的花费较农村居民少很多，还有住房公积金、失业保险等农村户口接收的补贴较城市户口低。④子女上学方面，农村居民在城市读书，不仅学费较高，能进入的好学校也较少，并且他们要支付较多的学杂费。⑤少儿医保方面，城市户口的新生儿出生就可以办少儿医保，而非城市户口的孩子要入园或入学才能办理。⑥农村居民不可办理老人证，从而享受不到很多福利。⑦农村居民申请失业保险所获保额较低。⑧农村居民在城市较难开到失业证明，而有了失业证的城市居民可以参加一些免费培训。⑨农村户口居民不可申请微利房（经济适用房）。⑩想要做生意开公司的农村居民难以申请到银行贷款。

这些方面的问题和困难是国家和政府在今后会尽力、尽快解决的，希望广大农村居民可以相信国家和政府一定会急农民之所急、解农民之所困，不负众望，解决这些由于国家长期以来发展不平衡所导致的不平等问题。

15. 国家和政府会作出哪些努力以消除农民在城市享有公共服务的限制？

第一，政府会进一步放宽农村居民迁入城市户口的条件，以便农村居民可以完全享受到城市待遇。以广州市为例：

（1）积分入户：年龄 20 ～ 45 周岁；初中及以上学历；在广州市参保累积满 4 年；在广州市就业并且签订一年期以上劳动合同；在广州市有合法住所；已经办理广东省居住证；总积分达 85 分；无违法犯罪记录。

（2）学历入户："统招本科＋学士学位"，35 周岁以内；非统招本科学历年龄在 35 周岁内，有中级职称；硕士学历/硕士学位，40 周岁以内；广州连续缴纳 1 年以上社保；无违法犯罪记录。

（3）技能入户：无犯罪记录；年龄 40 周岁以下（含 40 周岁）；高中及以上学历（技师）；无学历要求（二级技能）；广州社保 1 年以上。

（4）紧缺工种入户：无犯罪记录；年龄35周岁以下（含35周岁）；高中/中专及以上学历；从事工种属紧缺工种；广州连续居住2年及以上；广州社保2年以上。

（5）高级技师/职称入户：无犯罪记录；年龄45周岁以下（含45周岁）；副高/高级技师；广州社保1年以上；所从事工作需与技能一致。

（6）人才入户：一般要求在50周岁以下（含50周岁）；院士（中国科学院或中国工程院院士，国家"千人计划"专家，国家"特支计划"专家，年龄不限）；学术带头人（享受国务院特殊津贴人员，全国杰出专业技术人才，"百千万人才工程"国家级人选，国家、省/部级有突出贡献中青年专家，国家重点学科、重点实验室学术技术带头人）；重大科研项目完成者（国家、省/部级自然科学奖、技术发明奖、科技进步奖项目主要完成人，即项目前三名完成人）；发明专利获得者（在某一领域有突出贡献或专长，近3年内取得国家发明专利证书人员，即自申请入户之日起前3年内取得国家发明专利证书且属于前三名完成人之一）；重点企业高管（在广州市年度重点项目主要承办单位，或广州市战略性主导产业的重点项目主要承办单位，或广州市认定的总部企业等，工作满3年且现担任中高级管理职务或任职骨干技术岗位人员）；省、市政府明确引进人员（由于企业迁入、项目建设等原因，确需将户籍迁入广州市，经省、市政府同意，明确给予引进的人员，年龄不限）。

第二，国家和政府正在逐步取消城乡二元户籍制度。2014年7月，国务院发布《关于进一步推进户籍制度改革的意见》

提出，"建立城乡统一的户口登记制度，取消农业户口与非农业户口性质区分和由此衍生的蓝印户口等户口类型，统一登记为居民户口"。此次户籍制度改革不是"农改非"，而是全面取消农民的农业户口身份，将农民和城镇居民统一改称居民，消除身份区隔和歧视，进而逐步实现居民社会管理城乡一体化、公共服务均等化。因此，取消农业户口不会影响附着在农业户口背后的集体土地承包经营权、农村宅基地使用权、集体经济分配权等"三权"。改革之后，各个城市会建立、完善与统一城乡户口登记制度相适应的教育、卫生计生、就业、社保、住房、土地及人口统计制度。而改革之后，原有农业户口的"含金量"反而上涨了，因为农民变成了拥有土地的居民。

第三章

入户入学

农村民生利益百问百答

加分学位房

16. 什么是公共集体户？它与个人户口有什么区别？进城务工人员落户有哪几种渠道以及有哪些要求？

集体户口就是暂时还不具备独立户条件或者暂时还没有办理独立户手续的居民，把户籍关系挂靠在某一个集体户口上的居民户口。

集体户口与个人户口都是正式的户口，在福利待遇上没有什么区别，集体户口是完全可以转换成个人户口的。为解决广州市人才引进、积分入户、拆迁落户等落户问题，广州已设立176个公共集体户。

以广州市为例，集体户的类型如下：

（1）人才市场集体户。

入户条件：符合人才引进入户广州条件；未婚；30周岁以下的男士，28周岁以下的女士。

特点：允许结婚（但是配偶及子女不得随迁，如需解决配偶及子女随迁问题，建议将户口迁出人才市场）；属于永久性广州户口，可以进行市内迁移。

（2）单位集体户。

入户条件：在本市有集体户单位工作的非广州市户口人员。

特点：允许结婚；小孩有可能落户在单位集体户并解决教育问题（小孩能否落户在单位集体户主要看单位的意见）；离

职后会被要求迁出单位集体户；属于永久性广州户口，可以进行市内迁移。

（3）街道集体户。

入户条件：凡符合广州市入户条件（含出生登记）或有广州市户口，但无合法住宅类房屋及直系亲属可以投靠的人员。

特点：允许结婚；允许小孩及配偶随迁；属于永久性户口，可以进行市内迁移。

（4）学生集体户。

入户条件：在本市的普通高等学校、高等职业技术学院、普通中等职业学校和技工学校招收的全日制普通学历教育的非广州市户口学生；有省或市发展和改革部门的招生计划；经省或市招生部门办理录取手续。

特点：属于临时性广州户口，不可以进行市内迁移；毕业后会被学校要求迁出集体户。

主要落户渠道如下：

（1）技能入户。

一是一级或高级技师入户：①年龄在 45 周岁以下（含 45 周岁）；②在广州连续缴纳社保满 1 年；③无违法犯罪记录；④所从事工作须与证书工种一致；⑤初中及以上学历。

二是二级或技师入户：①年龄在 40 周岁以下（含 40 周岁）；②在广州连续缴纳社保满 1 年；③无违法犯罪记录；④所从事工作须与证书工种一致；⑤初中及以上学历。

三是三级或紧缺工种入户：①年龄在 35 周岁以下（含 35 周岁）；②在广州连续缴纳社保满 2 年；③无违法犯罪记录；④所从事工作须与证书工种一致；⑤高中及以上学历。

在《广州市户籍迁入管理规定》的意见稿中提出：获得证书后须在本市工作、缴纳社会保险满半年至两年［有关时间要求根据工种紧缺程度，在引进人才工种（职业）目录中予以明确］。

（2）学历入户。

一是统招本科学历入户：①年龄在 35 周岁以下（含 35 周岁）；②本科"毕业证＋学位"；③在广州连续缴纳社保满 1 年及以上（应届毕业生无须提供社保）；④无违法犯罪记录。

二是硕士学历入户：①年龄在 40 周岁以下（含 40 周岁）；②硕士学历或硕士学位及以上；③在广州连续缴纳社保满 1 年及以上；④无违法犯罪记录。

三是博士学历入户：①年龄在 45 周岁以下（含 45 周岁）；②博士学历或博士学位及以上；③在广州连续缴纳社保满 1 年及以上；④无违法犯罪记录。

（3）积分入户：

①未违反计划生育政策（2017 年 6 月起无需提交计生证明）；②无违法犯罪记录；③初中及以上学历；④在广州市参保累积满 4 年；⑤在广州市就业且签订一年期以上劳动合同；⑥在广州市有合法住所；⑦已经办理广东省居住证；⑧年龄 20 ～45 周岁；⑨总积分达 85 分。

以下为广州市来穗人员积分制服务管理指标体系及分值表。

广州市来穗人员积分制服务管理指标体系及分值表

类别	序号	指标	指标内容及分值	备注
基础指标	1	合法稳定住所	1. 在广州市办理广东省居住证，每满1年计3分； 2. 在广州市累积居住年限： （1）合法产权住所（10分），申请人或申请人夫妇共同在从化区、增城区拥有自有产权住房的再增加5分； （2）合法租赁住所或单位宿舍，每满1年计2分，最高不超过10分； 3. 申请人居住地由越秀区、海珠区、荔湾区、天河区转移到本市其他行政区的，每满1年计2分，最高不超过10分	1. 在广州市投亲靠友，可视为零租金租赁住房； 2. 既有合法产权住房，又有合法租赁住房的，由申请人选择其中一项计分
	2	合法稳定就业	在广州市就业（创业）并参加城镇基本养老保险、社会医疗保险（含职工社会医疗保险及城乡居民医疗保险）、失业保险、工伤保险、生育保险，每个险种每满1年计1分	失业保险基金代缴的职工社会医疗保险缴费年限及外来工医保年限纳入医保累计缴费时间。外地转入社保、补缴社保不计算年限，重复参保期间不重复计算年限

（续表）

类别	序号	指标	指标内容及分值	备注
基础指标	3	文化程度	1. 本科及以上学历（50分）； 2. 专科（含高职）（35分）； 3. 高中（含中职）（20分）	只取最高分，不累计计分。高中以下学历不计分
	4	年龄	1. 18～30岁（30分）； 2. 31～40岁（20分）； 3. 41～45岁（10分）	动态调整，不予叠加
加分指标	1	技术能力	1. 中级及以上职称或技师及以上职业资格（30分）； 2. 初级职称、职业资格为高级、事业单位工勤技术三级（20分）； 3. 职业资格为中级、事业单位工勤技术四级（10分）； 4. 正在从事与上述专业技术资格证书、职业资格证书相对应职业工种工作（10分）	职业资格，是指获得国家、广东省、广州市人力资源和社会保障部门考核或认定而颁发的国家职业资格。只取最高分，不累计计分

（续表）

类别	序号	指标	指标内容及分值	备注
加分指标	2	创新创业	1. 近5年获得授权的专利且专利申请地址在广州市辖区内的专利发明人或者设计人，按以下标准给予计分： 属发明专利的，每项专利按20/（人数＋1）计算，发明人为第一发明人的，加计一份平均分。最高不超过40分。 属实用新型专利的，每项专利按10/（人数＋1）计算，发明人为第一发明人的，加计一份平均分。最高不超过20分。 属外观设计专利的，每项专利按5/（人数＋1）计算，设计人为第一设计人的，加计一份平均分。最高不超过10分。 2. 在广州市高新技术企业、新型研发机构等单位从事专业技术工作的申请人，工作每满1年计2分，最高不超过10分	对同时满足1和2两项条件的，可以累计计分

(续表)

类别	序号	指标	指标内容及分值	备注
加分指标	3	急需工种或职业资格、服务行业	1. 职业工种或职业资格符合当年广州市积分急需工种或职业资格目录（20分）；2. 现正从事特殊艰苦行业一线人员（10分）。工作每满1年再加计5分，最高再加分不超过30分	
	4	社会服务和公益	近5年内，参加献血（每次计2分）或参加志愿者（义工）服务（每满50小时计1分）。以上各项1年内计分不超过2分，单项累计最高不超过10分	
	5	纳税情况	1. 对普通劳动者，近3个纳税年度累积在广州市缴纳个人所得税：(1) 1万~3万元（含1万元，不含3万元）（4分）；(2) 3万~6万元（含3万元，不含6万元）（8分）；(3) 6万元以上（含6万元）（12分）	1. 一个纳税年度指当年的1月1日至12月31日；2. 对同时满足1和2两项条件的，可以累计计分

（续表）

类别	序号	指标	指标内容及分值	备注
加分指标	5	纳税情况	2. 所投资创办的企业，近 3 个纳税年度累积在广州市纳税： （1）5 万～10 万元（含 5 万元，不含 10 万元）（4 分）； （2）10 万～20 万元（含 10 万元，不含 20 万元）（8 分）； （3）20 万元以上（含 20 万元）（12 分）	
	6	表彰奖项	1. 个人获得党中央、国务院授予的奖项和荣誉称号（30 分）； 2. 个人获得广东省委、省政府或中央和国家机关部委等授予的劳动模范或先进工作者等荣誉称号（20 分）； 3. 个人获得广州市委、市政府授予的奖项和荣誉称号（含道德模范、广州好人）（10 分）； 4. 个人获得广州市直机关或各区委、区政府授予的奖项和荣誉称号（5 分）	1. 只计个人在广州市工作期间获得的奖项； 2. 同一奖项只取最高分，不同奖项可累计计分

（续表）

类别	序号	指标	指标内容及分值	备注
减分指标	1	信用情况	信用不良记录，每宗减5分	1. 适用于在国家、广东省、广州市企业信用信息公示系统或广州市公共信用信息管理系统中有行政处罚信息、不良司法信息、商品服务质量不合格信息、被列入异常名录或标记为异常状态的企业法定代表人及个体工商户户主； 2. 此减分指标积分不适用其随迁子女积分制入学
	2	违法违规与刑事犯罪	1. 近5年内，有偷漏税行为，每次减10分； 2. 近5年内，受到治安处罚，每次减10分； 3. 近5年内，受过刑事处罚，不得申请积分制入户、积分制承租政府公共租赁住房及不得享受仅申请人享受的其他公共服务	此减分指标积分不适用其随迁子女积分制入学

17. 农村居民有什么价值？

我们国家和政府在逐步提升农村户口的福利待遇和补贴，这些好处也让农村居民的户口越来越值钱了。

（1）拥有承包地和宅基地。承包地和宅基地都是农村所特有的，农民可以自行使用这些土地，既可以在承包地上种田，也可以在宅基地上建房子。而且重点是不贵。不过只有农村户口才可以享有这些自建房，城市居民不能到农村买地建房。另外，经营这些承包地、林地等，可以获得各种各样的政府补贴。如果在近郊的话，土地还能升值。

（2）集体收益分配权。集体收益分配就是，分配土地等集体经济利益。

（3）征地补偿。农民集体所有土地被征收或者征用的时候，按照规定需要对农民给予补偿。

（4）买房问题。农村居民不仅可以自建房，还可以在城市买房。而城市居民能买商品房，但他们不允许在农村买房。

（5）大病保险和"新农合"。"新农合"是以大病统筹为主的，农民医疗互助共济制度。已购买"新农合"的居民在生病的时候可以报销部分费用，比例为50%～75%，甚至更高。

（6）养老保险。农村居民一样可以缴养老保险，而且有的村会给予参保人补助，另外，政府也会给予相应的补助，个人只要缴纳一部分就好了。而如果是城市居民，如果你没有工作的话，就只能自己缴纳养老保险了。

（7）生育。农村居民二女户家庭是享受国家补助的（当然现在国家已经放开二胎政策了），每个地方的标准不一样，但一般都有几千元。另外，有一些地方二女户女儿考上大学的话，还会获得相应的助学金。

18. 进城务工人员入户城市有什么好处？需要满足哪些条件？

以广州市为例，条件如下：

（1）年龄在 45 周岁以下（含 45 周岁）。

（2）在本市有合法住所（包括自有房、单位住所、合法承租等）。

（3）持本市的居住证，且居住证必须在有效期内。

（4）在本市就业或创业并正常缴纳社会保险（养老、工伤、生育、失业、医保）。

（5）初中及以上学历。

（6）无违法犯罪记录。

好处如下：

（1）买房：非本地户口，政策规定要连续购买 5 年社保，只限一套；广州户口，不用买社保，可以买两套房（需要满足一定条件），且可申请经济适用房。

（2）公租房：广州本地户籍家庭中，满足"收入中等偏下"且"住房困难"两个条件的，能申请公租房或租赁补贴。虽然非广州户籍人口也可以申请公租房，但须满足社保条件等。

（3）子女读书：拥有广州户口可上广州的公办学校，省下高额赞助费，如果报考广州本地的大学，考大学的分数线也比一些内地省市低。

（4）就业：某些大公司或某些职位在招聘的时候，会要求有广州户口才能应聘。因为有广州户口的相对于没有广州户口的人，稳定性更强。

（5）车牌：广州办理登记摇号或拍号须符合以下任一条件，申请人须为广州户籍，或在广州 3 年内累计缴纳 24 个月的基本医疗保险。

（6）老人福利：广州户籍老人到了一定年纪可以办理老人证，享受一系列福利待遇，比如乘车优惠或免费。

（7）办证：拥有广州户口，办理各类证件都很方便，如身份证、港澳通行证、出国护照、计生证等，这些都可即时办理，不用持有居住证，不用担心社保没有达到办理要求。

（8）生育：广州户籍的妇女不仅可以享受现有的免费婚检，还可以免费享受针对出生缺陷病种的孕检和产检。

（9）少儿医保：广州户口的孩子在没入园或入学前，可随时办理少儿医保。但是非广州户口的孩子办理少儿医保只能通过幼儿园或学校统一办理，且错过统一办理时间只能等下一年再办。

19. 积分制服务管理的积分指标体系的构成是怎样的？

以广州市为例，2018年2月27日市政府常务会议审议通过了《广州市来穗人员积分制服务管理规定（试行）》及实施细则，明确了来穗人员按照个人条件和社会贡献积分，梯次享受公共服务的机制，构建了来穗人员积分制服务管理"1+N"制度框架，入户入学和申请公租房都可以用这一积分体系。

《广州市来穗人员积分制服务管理规定（试行）》第四条规定，积分制服务管理工作实行个人自愿、属地申办、统分结合、动态调整的原则。通过制定科学的积分指标体系，按个人自愿和属地申办的原则，将个人条件和社会贡献情况换算成积分，再将积分与公共服务挂钩，按积分高低梯次享受公共服务，从而提升来穗人员服务管理水平、促进来穗人员市民化、保障来穗人员合法权益，更持久、更深入地帮助来穗人员及其随迁子女在广州安居乐业。

《广州市来穗人员积分制服务管理规定（试行）》及实施细则体现了四大创新亮点：一是创设了来穗人员积分制服务管理"1+N"制度框架。将各单位分别实施的积分制入户、积分制入学、积分制申请公共租赁住房及其他权益和公共服务统筹起来，统一制度框架，使用同一积分指标体系、统一操作流程。

二是构建了来穗人员凭积分享受公共服务的模式。设计了包括基础指标、加分指标、减分指标三部分积分指标体系，较客观公正地依个人条件和社会贡献进行积分，在公共资源相对紧缺的领域，实行积分与公共服务挂钩。三是通过指标设置体现政策导向。为助力广州市国家中心城市建设和枢纽型网络城市建设，在具体指标中，对创新创业人员、急需工种或职业资格人员给予加分，此举有利于吸纳各类技能人才；对文化程度较高的年轻人设置了相对高的分值，此举有利于增加广州市人口红利，优化人口素质结构。四是采用"互联网＋"方式实现全程信息化服务。各部门依托同一信息系统开展"一网式"积分服务工作，对来穗人员积分进行审核认定，这样既方便群众办事，又能提高工作效率。

20. 为什么积分制服务管理要设减分指标？减分指标中的"信用不良记录"具体包括什么？

减分指标主要包含信用不良记录、偷漏税行为、受过治安处罚、刑事处罚等，扣减分数上不封顶，这是为了体现诚信守法的政策导向，动员广大来穗人员参与"文明广州"建设，弘扬正能量。但是，减分指标的减扣积分只适用于"积分制入户""积分制承租公共租赁住房"等公共服务，不适用于为随迁子女提供"积分制入学"的公共服务。

减分指标中的"信用不良记录"是指在国家、广东省、广州市企业信用信息公示系统或广州市公共信用信息管理系统中有行政处罚信息、不良司法信息、商品服务质量不合格信息、被列入异常名录或标记为异常状态的企业法定代表人及个体工商户户主。

21. 积分制服务管理如何体现"租购同权"？积分如何进行调整？

以广州市为例，《广州市来穗人员积分制服务管理规定实施细则（试行）》关于"合法稳定住所"中明确规定，申请人合法产权住所 10 分；合法租赁住所或单位宿舍，每满 1 年计 2 分，最高不超过 10 分。在制定此指标及分值时，相关部门已对实施"租购同权"政策进行了充分的调研论证。目前广州市对非本市户籍人员的购房政策，要求他们在广州市至少缴纳 5 年社会保险。在积分指标及分值设置上，明确"具有合法产权住所计 10 分"，平均到 5 年内每 1 年为 2 分，与合法租赁住所或单位宿舍"每满 1 年计 2 分，最高不超过 10 分"是相一致的。这样既体现了对在广州居住、就业时间长的来穗人员的认可和回报，也可以吸引更多来穗人员在广州稳定居住、就业。

申请人相关积分指标情况发生变化的，其积分应作相应调整。主要有三种方式：一是动态调整。来穗人员积分制服务管理信息系统自动调整申请人年龄指标计分。来穗人员积分制服务管理信息系统在申请人的广东省居住证签注时自动调整累积办理居住证指标计分。二是定期调整。相关部门应定期将申请人信用情况、违法违规与刑事犯罪情况等积分指标信息变化情况推送至积分制服务管理信息系统。广州市各区来穗人员服务管理部门应根据上述情况，及时调整申请人相应指标计分，并告知申请人。三是申请调整。申请人合法稳定住所、合法稳定就业、文化程度、技术能力、创新创业、急需工种或职业资格与服务行业、社会服务和公益、纳税情况、表彰奖项等积分指标发生变化，由申请人主动申请调整计分，调整材料处理流程按照初次申请积分程序执行。

22. 积分入学是什么？怎样申请积分入学？

积分入学，指以积分排名方式安排外来流动人员入户、子女入读公校，进一步推动公共服务均等化。积分一般由基础分、附加分和扣减分三部分组成，通常每年的 3 月至 4 月是积分入学申请的时间。

以广州市为例，在《关于进一步做好来穗人员随迁子女接受义务教育工作的实施意见》中提出：凡持有广东省居住证满 1 年的来穗人员，可为其随迁子女申请入读义务教育阶段小学一年级和初中一年级，根据其在广州市稳定职业、稳定住所、依法缴纳社会保险其中一个险种的年限等条件任何一项发生地所在区申请积分制入学，该区不能拒绝受理。

23. 进城务工人员就业创业，国家有哪些方面的支持和帮扶？

国家现在正在实施就业优先战略，大力推动大众创业、万众创新，鼓励以创业带动就业，对于农村居民想要进入城市谋求进一步发展、追求新的美好生活的愿景，政府会提供以下的帮助和保障措施：为进城务工人员提供基本公共就业服务和就业援助、为进城务工人员提供就业见习服务（为进城务工人员提供实习岗位或争取实习机会）、为农村居民提供创业服务、联合大中城市建立统一招聘服务系统、为进城务工人员提供职业技能培训和技能鉴定、保证"12333"人力资源和社会保障服务热线咨询电话的畅通和高效、政府成立专门小组在劳资双方之间进行劳动关系协调、劳动人事争议调解仲裁、劳动保障监察。

政府会从以下方面入手，来保证进城务工人员以及农村居民能够切实地享有应得的就业创业服务以及劳动成果的保障：

（1）公共就业服务方面：全面落实就业政策法规咨询、信息发布、职业指导和职业介绍、就业登记和失业登记等公共就

业服务制度，组织开展就业服务专项活动。加强对就业困难人
员的就业援助，确保有就业能力的零就业家庭、低保家庭至少
有一人就业。做好高校毕业生就业和农村劳动力转移就业，以
及化解过剩产能过程中的职工安置工作。加快推进流动人员人
事档案信息化服务。建立健全行业人力资源需求预测和就业状
况定期发布制度，完善人力资源市场供求分析。

（2）创业服务方面：鼓励公共就业服务机构为创业者提供
项目选择、开业指导、融资对接、跟踪扶持等服务。把创新创
业课程纳入国民教育体系，建立健全衔接创业教育和创业实践
的创业培训体系。深化行政审批制度改革和商事制度改革，推
行市场主体登记注册便利化，减少政府对企业生产服务项目的
行政许可和对正常经营活动的行政干预，落实降低企业负担的
税费政策。落实创业担保贷款政策，提高就业重点群体和困难
人员金融服务的可获得性。加快发展"众创空间"等创业服务
载体，健全创业辅导制度。

（3）职业培训方面：大力开展就业技能培训、岗位技能提
升培训和创业培训，开展农村贫困家庭子女、未升学初高中毕
业生、农民工、失业人员和转岗职工、退役军人、残疾人免费
接受职业培训行动，打通技能劳动者从初级工、中级工、高级
工到技师、高级技师的职业发展通道。

（4）劳动关系协调和劳动权益保护方面：完善劳动用工制
度，健全最低工资标准调整和工资支付保障长效机制，落实职
工带薪年休假制度。加强劳动保障（尤其是进城务工人员劳动
保障）监察和劳动人事争议调解仲裁，推进劳动保障监察综合
执法，建立劳动保障监察举报投诉案件省级联动处理机制，健

全完善劳动人事争议多元处理机制，维护用人单位和劳动者合法权益。定期发布职业薪酬信息和重点行业人工成本信息。

24. 农民意外伤病或者进城务工时受了工伤，国家和政府有哪些资助和帮扶？

国家会为遇到以上难题的农村居民和进城务工人员提供职工基本养老保险、城乡居民基本养老保险、职工基本医疗保险、城乡居民基本医疗保险、失业保险、工伤保险等帮助和帮扶措施，以保障其最基本的生活和医疗需求。

具体而言，建立并完善社会保障卡体系是基本社会保障体系的关键环节和重点任务。具体的举措包括：全面发行和应用社会保障卡，保证大部分农村居民持有社会保障卡，实现社会保障一卡通，支持社会保障卡跨业务、跨地区、跨部门应用，建立社会保障卡应用平台和覆盖广泛的用卡终端环境，健全社会保障卡便民服务体系，完善社会保障卡规范管理和安全保障体系。只有建立了全省统一的社会保障卡体系，才能使城镇地区居民、农村地区居民的生老病死在省内各地都享受到平等、完善、合理、规范的保障和服务。

25. 国家能够通过什么方式帮助农民解决在接受医疗服务时遇到的种种困难？

对于看病问题，政府不仅会直接做好农村居民疾病的管控和保障（包括农村居民健康档案、健康教育、预防接种、传染病及突发公共卫生事件报告和处理、儿童健康管理、孕产妇健康管理、老年人健康管理、慢性病患者管理、严重精神障碍患者管理、卫生计生监督协管、结核病患者健康管理、中医药健康管理、艾滋病病毒感染者和病人随访管理、社区艾滋病高危行为人群干预、免费孕前优生健康检查、基本药物制度、计划生育技术指导咨询、农村部分计划生育家庭奖励扶助、计划生育家庭特别扶助、食品药品安全保障等），还会从医疗救治的根本上出发，依靠财政手段，通过补贴药价、对医院进行规范化管理、减征税收、提高医生工资、建设村镇医疗点等手段，降低农村居民的看病难度、降低诊费医药费、提高医疗人员待遇、消除"以药养医"的怪相，以求从源头上解决"看病难、看病贵"和医患关系紧张的问题。

第四章 农民房屋问题

26. 申请农村宅基地需要什么条件？
继承农村宅基地有何规定？

宅基地是农村的农户或个人用作住宅基地而占有、利用本集体所有的土地。包括已经建设房屋、建过房屋或者决定用于建造房屋的土地，已经建设房屋的土地、建过房屋但已无上盖物或不能居住的土地，以及准备建房用的规划地三种类型。

申请条件包括：①因子女结婚等原因确需分户，缺少宅基地的；②外来人口落户，成为本集体经济组织成员，没有宅基地的；③因发生或者防御自然灾害、实施村庄和集镇规划以及进行乡（镇）村公共设施和公益事业建设，需要搬迁的。

农村村民有下列情形之一的，不予批准使用宅基地：①年龄未满 18 周岁的；②原有宅基地的面积已经达到规定标准或者能够解决分户需要的；③出卖或者出租村内住房的。

《中华人民共和国土地管理法》规定宅基地和自留地、自留山，属于农民集体所有。村民只有使用权，没有所有权。我国土地和房屋是实行分别管理的。根据规定，宅基地是农民基于集体经济组织成员身份而享有的可以用于修建住宅的集体建设用地，农民无须交纳任何土地费用即可取得，这是一种福利性质的权益，一般来讲不能继承。但在宅基地上建成的房屋则属于公民个人财产，可以继承。实践中，农民宅基地的继承问题可以分为下列情况：如果继承人是本集体经济组织成员，符合宅基地申请条件的，可以经批准后取得被继承房屋的宅基地；如果不符合申请条件，则可以将房屋卖给本村其他符合申请条件的村民。如果不愿出卖，则该房屋不得翻建、改建、扩建，待处于不可居住状态时，宅基地由集体经济组织收回。继承人是城市居民的，比照上述不符合宅基地申请条件的情形处理。

农村宅基地使用权的享有是与集体经济组织成员的资格联系在一起的，在一定程度上具有福利性质和社会保障的功能。宅基地使用权具有以下几个特点：一是宅基地使用权的主体为集体经济组织成员。农民申请宅基地很大程度上因为其是农村集体经济组织的成员，每一个成员都有权以个人或户的名义申请宅基地，并且农村宅基地的性质不会随村民身份变化而改变。二是宅基地使用权的用途具有限制性。农民获得宅基地使用权后，只能在该土地上建造房屋，并作为生活资料使用自用住房。三是宅基地使用权具有福利性和无期限性。宅基地具有一定的福利性质，这种福利性质主要表现在农民能够廉价取得宅基地，获取基本的生活条件，从而享有最低限度的福利。宅基地使用权只是基于集体经济组织成员资格而享有的一项福利性权利，只能在本集体经济组织成员之间流转。

27. 何为农村宅基地"一户一宅"政策？

《中华人民共和国土地管理法》规定，农村村民一户只能拥有一处宅基地，其宅基地的面积不得超过省、自治区、直辖市规定的标准。《国土资源部关于进一步加快宅基地使用权登记发证工作的通知》规定，严格落实农村村民一户只能拥有一处宅基地的法律规定。除继承外，农村村民一户申请第二宗宅基地使用权登记的，不予受理。

原国土资源部《关于农村集体土地确权登记发证的若干意见》规定，已拥有一处宅基地的本农民集体成员、非本农民集体成员的农村或城镇居民，因继承房屋占用农村宅基地的，可按规定登记发证，在集体土地使用证记事栏应注记"该权利人为本农民集体原成员住宅的合法继承人"。

28. 有哪些农村危房改造政策？

危房是指依据住房和城乡建设部《农村危险房屋鉴定技术导则（试行）》鉴定属于整栋危房（D级）或局部危险（C级）的房屋。

农村危房改造试点补助对象是居住在危房中的分散"五保户"、低保户和其他农村贫困农户。

不得纳入扩大农村危房改造试点补助资金范围内的危房改造对象：一是对长期无人居住的房屋；二是有两处以上住房，其中一处是危房的；三是无人居住的临时用房、简易房，不影响人员生活的独立厨房、厕所和畜禽养殖圈舍等；四是已经纳入地质灾害防治搬迁避让规划的住房重建户，以及因灾倒损重建户。

29. 有哪些农村房屋确权政策？

以下八种情况，农民将失去房屋所有权：

（1）农民在农田上建房，而未经住房与城乡建设规划局的许可的属于违章建筑。

（2）空闲或房屋坍塌、拆除两年以上未恢复使用的。

（3）家庭成员又组建了新的家庭，另申请了别的宅基地。

（4）除继承和分居立户外，农户一户宅基地超过一处以上的。

（5）申请宅基地建房的时候没有登记的家庭成员。

（6）将户口迁走的人，已经不是本村的成员。

（7）因拆迁或原住宅依法被征收，已依法进行统一安置或补偿的。

（8）村集体以外的人员（如城镇居民）购买的本村宅基地或建房，在确权时，合同当属无效。

30. 何为农村宅基地"三权分置"试点？
农村宅基地"三权分置"有什么作用？

以保护农民宅基地权益为核心，探索农村宅基地集体所有权、农户资格权、宅基地及农房使用权"三权分置"，放活宅基地和农民房屋使用权，盘活农村集体建设用地。探索宅基地作为集体经济组织所有的确权登记，保障集体所有权人享有占有、使用、收益和处分的权利。保障宅基地农户资格权和农房财产权。执行"一户一宅"政策，以户为单位落实宅基地资格权，不得以退出宅基地作为农民进城落户条件，禁止资格权转让；改变单一以宅基地使用权作为资格权的实现方式，允许农民申请公共租赁住房和换股权、换货币等实现形式；鼓励农户自愿有偿退出资格权，退出农户可申请"留权不留地"、颁发地票期权等方式保留资格权；因自然灾害造成宅基地使用权灭失的、进城农民自愿将宅基地无偿退给集体的，可以申请重获资格权。

其作用在于放活宅基地和农民房屋使用权。按照"房地一体"的原则，合理确定宅基地和农民房屋通过转让、互换、赠与、继承、出租、入股等方式流转的适用范围，设定流转期限、途径和用途。农户可以利用自有住宅依法从事休闲、旅游经营等，但不得违法违规买卖宅基地，严格实行土地用途管制，严格禁止利用农村宅基地建设别墅大院和私人会馆。盘活农村集体建设用地，促进乡村振兴。充分利用农村集体建设用地资源，为公共基础设施配套提供用地保障，以自营、出租、入股、联营等方式促进集体经济组织增收，收益由集体成员共同分享。建立县级农村宅基地动态管理系统，切实保障农民权益。

31. 农村宅基地"三权分置"改革将带来哪些红利?

（1）土地增值收益、资源配置更多投向"三农"。在权属不变、符合规划条件下，非房地产企业依法取得使用权的土地作为住宅用地，深化利用农村集体经营性建设用地建设租赁住房试点，政府将不再是居住用地唯一提供者。无论是对农村还是对房地产市场而言，"三权分置"改革所撬动的红利和机会远超土地本身。

（2）盘活宅基地，带动乡村振兴活力。当前，在许多欠发达地区的乡村，因为进城务工人员增多，大量宅基地长期闲置。如何盘活和利用这些宅基地资源，将土地增值收益、资源配置更多投向"三农"，是一项关乎乡村振兴和农民收入的重要问题。宅基地"三权分置"等改革措施也是将使用权、资格权赋予农民，这将带来更多的活力和改革机会。

（3）土地供给多元化，撬动更多改革机会。改变政府作为居住用地唯一供应者的情况，深化利用农村集体经营性建设用地建设租赁住房试点，完善促进房地产健康发展的基础性土地制度，推动建立多主体供应、多渠道保障租购并举的住房制度。在城市建设用地，尤其是大中城市的土地市场总体趋紧的背景下，包括宅基地在内的农村集体建设用地被准许用于建设租赁住房试点，将带动住房市场的改革。

32. 农村宅基地买卖政策是怎么规定的？

根据宅基地使用权随房屋转移的原则。农村房屋发生买卖、继承、赠与等法律事由的，其所占宅基地的使用权随房屋所有权而转移。

1984 年最高人民法院《关于贯彻执行民事政策法律若干问题的意见》中规定，公民在城镇依法买卖房屋时，该房屋宅基地的使用权应随房屋所有权一起转归新房主使用。关于办理农村房屋宅基地使用权转移手续问题，实践中应注意掌握一个时间界限，即在 1982 年《村镇建房用地管理条例》发布之前，农村房屋买卖中宅基地使用权均随房转移，无须办理批准手续；但自该条例之后，宅基地使用权须经过申请批准后方可随房转移。

未经审查批准，宅基地使用权不能随房转移给买方，房屋买卖亦无效，但买主可将房屋拆走。村民迁居或者拆除房屋后腾出的宅基地，由集体收回使用，另作统一安排。但在农村合法继承的房屋，其宅基地使用权可以随房屋所有权而转移。

33. 宅基地使用权连同房屋所有权如何转移？

（1）履行相关审批手续。房屋所有权证是确认房屋所有权的合法凭证，宅基地使用证和集体土地建设用地使用证是农民合法取得宅基地使用权的重要凭据，因买卖房屋而转移宅基地使用权的，宅基地使用权主体发生变化，应当依照《中华人民共和国土地管理法》和《中华人民共和国土地管理法实施条例》及其他规定办理手续，并完成权利主体的变更登记。

（2）受让人主体资格应受限制。宅基地使用权只可在本集体经济组织内部自由转让，因为一旦转让给城市居民或其他农业集体经济组织成员，受让主体便不再符合法定的条件，除非转让时，该受让人已经将户口迁入本乡或本村，成为本集体经济组织内部成员。

（3）转让后原则上仍遵循"一户一宅"。农民买卖房屋涉及宅基地使用权的转移时，应当符合宅基地标准。取得宅基地超过省、自治区、直辖市规定标准的，应在土地登记卡和土地证书内注明超标的数量。以后分户建房或现有房屋拆迁、改建、翻建，或政府依法实施规划重新建设时，按当地政府规定的面积标准重新确定使用权，超过部分归还集体经济组织。

34. 农村房屋在哪些情况下不能确权？

（1）一户多宅。"一户一宅"是最基本的宅基地政策，"一户一宅"即仅能对一处宅基地进行确权，村集体可以收回多出的宅基地。

（2）面积超标。宅基地面积超标时，仅能对合理使用面积进行确权，多出的面积将在翻盖或者重建房屋时，由村集体收回。

（3）城市居民继承的宅基地。城市居民对农村宅基地并无继承权，不过宅基地上面的房屋可以继承；该房屋不可翻盖、重建，当房屋自然消失，村集体可以收回宅基地。

（4）城镇居民违规购买的宅基地。宅基地交易买卖只可在村集体内部进行，严禁城镇居民到农村购买宅基地。

（5）非法占据土地的宅基地。非新划分宅基地和原有合法宅基地，都属于非法占据，这种宅基地不但不给予确权，而且还会被收回。

（6）荒弃的宅基地。随着城乡发展的加快，就业机会的增加，不少农村人全家搬到城里，造成宅基地荒弃和浪费，村集体可以收回这类宅基地，但需要给予他们一定的经济补偿。

（7）村中"五保户"遗留宅基地。村中"五保户"遗留宅基地，村集体可以收回。

（8）政府征地。政府征用农村土地以及宅基地进行修路、修建建筑和其他用途时，通过与农民进行协商、补偿后可以收回宅基地。

宅基地在以上八种情况中，只是可能会被收回，不是强制收回。宅基地是否收回，还要考虑宅基地以往历史情况和目前状况等，其核心原则是最大程度保护农民的合法权益，确保政策的公平公正。

35. 为何要开展农村人居环境整治三年行动？

改善农村人居环境，建设美丽宜居乡村，是实施乡村振兴战略的一项重要任务，事关全面建成小康社会，事关广大农民根本福祉，事关农村社会文明和谐。近年来，各地区各部门认真贯彻党中央、国务院决策部署，把改善农村人居环境作为社会主义新农村建设的重要内容，大力推进农村基础设施建设和城乡基本公共服务均等化，农村人居环境建设取得显著成效。同时，我国农村人居环境状况很不平衡，"脏乱差"问题在一些地区还比较突出，与全面建成小康社会要求和农民群众期盼还有较大差距，它仍然是经济社会发展的突出短板。为加快推进农村人居环境整治，进一步提升农村人居环境水平，中共中央和国务院决定利用三年时间全面开展农村人居环境整治行动。到2020年，实现农村人居环境明显改善，村庄环境基本干净、整洁、有序，村民环境与健康意识普遍增强。

36. 农村公路建设"七公开"内容有哪些?

对农村公路建设计划、补助政策、招投标活动、施工管理、质量监管、资金使用、工程验收七方面内容公开。

（1）建设计划。按层级对省（区、市）、市（地、州、盟）、县（市、区）、乡（镇）、村农村公路建设计划分地域进行公开。

（2）补助政策。公开农村公路建设资金补助政策，包括县、乡、村道及危桥改造、安保工程等的补助标准和资金。

（3）招投标活动。符合招标条件的农村公路建设项目，按规定发布招标公告，公开建设规模、技术标准、招标方式、标段划分、中标结果、监督机构等。

（4）施工管理。公开工程概况、施工许可（以年度计划替代施工许可的小型项目除外）、参建单位（建设、设计、施工、监理单位等）、岗位职责、质量安全控制、进度计划、主要原材料等信息。

（5）质量监管。公开质量管理单位或监督机构、主要职责、质监负责人、联系方式、检查内容及方法、检查结果等。聘请村民监督员，同时也公开相关信息。

（6）资金使用。公开建设资金筹措、资金来源、资金到位、拨付情况等。

（7）工程验收。对工程验收方式、评定结果、竣（交）工验收鉴定书等进行公开。

37. 何为村村通公路工程？
村村通公路标准是什么？

村村通公路工程，简称"村村通"，是国家为构建和谐社会，支持新农村建设的一项重大举措，是一项民心工程。该工程又称"五年千亿元建设工程"，是指中国力争在五年时间实现所有村庄通沥青路或水泥路，以打破农村经济发展的交通瓶颈，解决9亿农民的出行难题。该工程以国家和省出资为主，地方财政（市、县）配套部分资金，决不允许向农民强制摊派。国家为了农村的发展，方便村民们的出行，早就开始实行"村村通"工程，把泥土路修成了水泥路，根据国家对村村通公路的要求，村村通公路最低等级为国标四级公路。设计速度为20公里/小时，路面宽度为4.5米，路面结构类型为水泥混凝土路面。

38. 如何筹集和使用 农村公路养护管理资金?

农村公路养护管理资金的筹集和使用应当坚持"政府主导、多元筹资、统筹安排、专款专用、强化监管、绩效考核"的原则。资金主要来源包括:一是各级地方人民政府安排的财政预算资金,包括公共财政预算资金,省级安排的成品油消费税改革新增收入补助资金,地市、县安排的成品油消费税改革新增收入资金(替代摩托车、拖拉机养路费的基数和增量部分);二是中央补助的专项资金;三是村民委员会通过"一事一议"① 等方式筹集的用于村道养护的资金;四是企业、个人等社会捐助,或者通过其他方式筹集的资金。

省级人民政府安排的成品油消费税改革新增收入补助资金,应当按照国务院规定专项用于农村公路养护工程,不得用于日常保养和人员开支,且补助标准每年每公里不得低于国务院规定的县道 7000 元、乡道 3500 元、村道 1000 元。

---

① "一事一议"制度,是指在农村税费改革这项系统工程中,取消了乡统筹和改革村提留后,原由乡统筹和村提留开支的农田水利基本建设、道路修建、植树造林、农业综合开发有关的土地治理项目,以及村民认为需要兴办的集体生产生活等其他公益事业项目所需资金,不再固定向农民收取,而且采取"一事一议"的筹集办法。

村民委员会通过"一事一议"筹集养护资金，由村民委员会统筹安排专项用于村道养护。

农村公路养护资金应当实行独立核算、专款专用，禁止截留、挤占或者挪用，使用情况接受审计、财政等部门的审计和监督检查。

39. 如何开展农村公路养护工作？

县级交通运输主管部门和公路管理机构应当建立健全农村公路养护质量检查、考核和评定制度，建立健全质量安全保证体系和信用评价体系，加强检查监督，确保工程质量和安全。农村公路养护按其工程性质、技术复杂程度和规模大小，分为小修保养、中修、大修、改建。大中修和改建工程应按有关规范和标准进行设计，履行相关管理程序，并按照有关规定进行验收。鼓励将日常保养交由公路沿线村民负责，采取个人、家庭分段承包等方式实施，并按照优胜劣汰的原则，逐步建立相对稳定的群众性养护队伍。鼓励从事公路养护的事业单位和社会力量组建养护企业，参与养护市场竞争。

县级交通运输主管部门和公路管理机构应当定期组织开展农村公路技术状况评定，县道和重要乡道评定频率每年不少于一次，其他公路在五年规划期内不少于两次。路面技术状况评定宜采用自动化快速检测设备。有条件的地区在五年规划期内，县道评定频率应当不低于两次，乡道、村道应当不低于一次。地方各级交通运输主管部门和公路管理机构应当将公路技术状况评定结果作为养护质量考核的重要指标，并建立相应的奖惩机制。

农村公路养护作业单位和人员应当按照《公路安全保护条例》规定和相关技术规范要求开展养护作业，采取有效措施，确保施工安全、交通安全和工程质量。负责农村公路日常养护的单位或者个人应当按合同规定定期进行路况巡查，发现突发损坏、交通中断或者路产路权案件等影响公路运行的情况时，及时按有关规定处理和上报。农村公路发生严重损坏或中断时，县级交通运输主管部门和公路管理机构应当在当地政府的统一领导下，及时修复公路。难以及时恢复交通的，应当设立醒目的警示标志，并告知绕行路线。大型建设项目在施工期间需要使用农村公路的，应当按照指定线路行驶，符合荷载标准。对公路造成损坏的，应当进行修复或者依法赔偿。县级交通运输主管部门和公路管理机构应在当地人民政府统一领导下，大力整治农村公路路域环境，加强绿化美化，逐步实现田路分家、路宅分家，努力做到路面整洁无杂物、排水畅通无淤积，打造"畅安舒美"的农村公路通行环境。

40. 广东省如何推动农村客运工作?

（1）全面完善农村客运基础设施建设。对未通客运班车行政村公路现状进行摸查，综合考虑改造成本、工程难度、资金筹措、受益行政村数量等因素，先易后难完善未通客运班车行政村农村公路改扩建。同步建设交通安全、排水和生命安全防护设施，循序渐进完善通行政村公路安全生命防护工程。"应养尽养"做好农村公路养护工作，有条件的地市要建立农村公路养护资金稳定增长机制，确保农村公路优、良、中等路的比例不低于75%，农村公路列养率达到100%。将农村客运站（亭）维护管养纳入农村公路管理养护工作范畴，改变目前农村客运站（亭）"重建轻养"的现状，因地制宜做好农村客运站（亭）配套建设。

（2）创新发展农村客运经营模式。优化城乡客运经营结构，积极创新经营模式，灵活解决农民群众出行问题。有条件的地方可试行农村客运专营，统筹区域农村客运协调发展。要创新农村客运组织模式，按《关于加快推进全省行政村通客运班车的实施意见》中明确的客运班车标准，创新传统班车经营模式，采用早晚班车、节假日班车等多种形式开行农村客运。科学合理配置农村客运车辆，对相关客运车辆条件进行合理调整。要鼓励农村客运与其他业态融合，加快推进农村客运站（亭）与便利店、邮政、物流等"多站合一"建设，探索将乡村客运站（亭）建成农村交通运输综合体。

（3）全力保障农村客运安全有序。规范农村公路通行条件审核，县级交通运输主管部门应当报请同级人民政府同意，联合安全监管、公安等部门和相关乡镇政府建立农村公路通客车条件审核机制，按照通行政村公路技术标准和安全设施标准做好审核。落实农村客运安全监管责任，健全"县管、乡包、村落实"的农村客运监管工作机制，定期组织开展现有农村公路基础设施安全隐患排查工作，建立安全管理台账，及时消除安全隐患。加大农村客运市场执法力度，探索县级统一执法、乡村协助执法的工作方式，依法开展路产路权保护和路域环境整治，及时查处客运车辆违法违规经营行为。

41. 如何加快建设城乡道路客运服务保障网络？

（1）加强规划统筹，优化资源配置。科学制定城乡道路客运一体化发展规划，打破部门、区域和行业分割困境，统筹规划城乡道路客运服务设施和运营线路，合理调控城乡道路客运资源。坚持"无缝衔接、方便换乘"的原则，充分利用城市公共交通、城际客运和农村客运的各种站点设施，统一规划功能层次合理的换乘枢纽和城际、城市、城乡、镇村四级客运网络，优化城乡道路客运网络衔接。交通运输主管部门要主动协调政府有关部门，将城乡道路客运站场建设纳入本级城镇体系或城乡总体规划，并同步编制、修编和实施。

（2）加强城乡道路客运枢纽场站建设。争取当地政府和有关部门支持，将城乡道路客运枢纽场站作为重要基础设施，推动国家、区域性、集散性公路运输枢纽场站建设，完善建设标准，增强资金和土地保障，引导形成与城镇布局相协调、方便群众安全便捷出行的城乡道路客运枢纽场站网络。

（3）推进城市公共交通和城市周边短途班线客运的融合。根据城乡毗邻地区居民出行需求特点，充分考虑城市公共交通与城市周边短途客运班线的服务差异，明晰各自功能和服务范围，完善体制机制，逐步消除同一条线路城市公共交通和短途班线客运并存和不平等竞争的现象。争取政府和有关部门支持，逐步统一公交化运行的农村客运与城市公共交通在税费、补贴等方面的政策，实现服务标准和政策保障的有效衔接。

42. 如何加快提升农村客运普遍服务能力？

（1）完善农村客运基础设施。稳步推进农村公路建设，提高农村公路建设标准，加快已建成农村公路通行条件改造，完善农村公路安保设施。加快完善农村客运站场布局，根据各地农村地区生产、生活、生态的客观条件和需求特点，规划建设标准适宜的乡镇客运站（候车亭、招呼站）。在城乡公路干道沿线规划建设港湾式停靠站、沿途招呼站，并配套完善候车亭、站牌等设施。坚持路、站（亭）、运一体化发展，在新建、改扩建农村公路项目时，将农村客运站（亭）纳入计划并与农村公路同步设计、同步建设、同步交付使用。参照农村公路管养模式，研究建立农村客运站（亭）管养的长效机制，落实各方责任，解决农村客运站（亭）特别是简易站和港湾式停靠站建成后的日常养护管理问题。

（2）完善农村客运服务网络。采取综合措施提高乡镇和建制村班车通达率，提供农村客运普遍服务，解决农村地区居民的基本出行问题。通过新辟、改线、延伸现有农村客运班线，扩大农村客运的覆盖和服务范围，提高建制村通班车率。改革农村客运线路管理方式，依据经济发展水平和客流情况，稳步推广农村客运片区经营模式，探索开行隔日班、周班、节日或赶集班等固定或者非固定的班次。大力支持城镇化水平和居民出行密度较高的地区持续推进农村客运线路公交化运行，推广规范化、标准化的服务。对实行公交化运行的农村客运线路，在保证基本服务质量的前提下，运输企业可以根据客流情况调整班次和运力。支持"镇到村"农村客运网络发展，鼓励有条件的地区结合本地实际，有重点、分阶段在镇域内发展"镇村公交"。

（3）完善农村客运扶持政策。贯彻落实《中共中央、国务院关于2009年促进农业稳定发展农民持续增收的若干意见》和《中共中央、国务院关于加大统筹城乡发展力度，进一步夯实农业农村发展基础的若干意见》，研究制定农村客运公共财政保障制度。积极争取公共财政支持，通过以奖代补的方式，鼓励提高农村客运通达深度、广度和服务水平，引导农村客运公司化、集约化、规范化经营，增强农村客运可持续发展能力。

43. 如何科学合理地建立城乡道路客运票制票价体系?

城市公共交通实行成本定价，各级运输交通部门要积极会同价格部门，综合考虑社会承受能力、企业运营成本和交通供求状况，完善价格形成机制，并根据服务质量、运输距离以及公共交通方式间的换乘等因素，建立多层次、差别化的价格体系。

农村客运票制票价按照《道路运输价格管理规定》和《汽车运价规则》的规定执行，对公交化运行的城际客运和农村客运，可结合地方公共财政补贴情况，实施特定的票价优惠政策，但不宜实行过低票价。

44. 何为农村客运区域经营制度?

区域经营，是指各县（区）根据当地人口分布、经济发展状况和农村公路现状，以中心镇为核心，把若干个相邻乡镇作为一个区域，以中心镇辐射带动一般镇，并将一个县（区）划分为若干区域，一个区域内所有县通镇客运班线和通村班车经营权在较长时间内交给一家客运企业经营，由交通主管部门规定基本服务质量、经营行为和安全生产要求的一种生产经营模式。实施区域经营制度需要从以下几个方面做起：

（1）加快农村客运班线资源重组。以县通镇客运班线作为发展农村客运的基础，分区域将县通镇客运班线与通村班车结合起来实施区域经营，形成一个区域一个公司经营的模式。原县通镇客运班线经营者可优先选择开展区域经营，对现有运力进行整合；原县通镇客运班线经营者放弃从事区域经营的，可通过招投标等方式许可新的经营者从事农村客运区域经营。引导现有农村客运个体经营业户通过股份制改造、联合、兼并和重组等多种方式积极进行公司化改造，参与农村客运区域经营。

（2）合理确定区域经营期限。区域经营期限按《中华人民共和国道路运输条例》规定的客运班线经营期限上限八年进行许可。对质量信誉考核合格的农村客运经营者，在区域经营期限届满后申请延续经营的，应当予以优先许可。

（3）提高企业经营自主权。从事农村客运区域经营的企业在经营片区内实施分类管理。其中县通镇和跨镇客运班线实行"四定"（定起讫站点、途经线路、班次）管理；通村班车可不局限于"四定""两定"经营的模式，交通主管部门只规定区域内通村班车最低车辆数，以及每条线路的首、末班车时间和最低班次密度，区域内通村班车实际投入车辆数由经营企业根据当地的实际需求自主确定，报县级交通主管部门许可。

区域经营企业可根据当地群众的出行情况，在提前做好向社会公示和向交通主管部门报备工作的前提下，及时调整通村班车的开行时间、班次，实行班车预约、包车等多种形式的运输服务，重点满足农民赶集、学生上学、外出务工的需要，提高通村客车的利用效率和经济效益，减少经营风险，真正实现农村客运开得通、留得住。

（4）明确区域经营企业责任。各地根据本地的实际情况，结合省交通厅农村客运发展目标，制定切合实际的经营区域内实现村村通班车的具体时间，连同区域经营基本服务质量、经营行为和安全生产要求，通过区域经营权合同的形式加以明确，并要求经营企业作出相应承诺。对按规定实现区域内村村通目标的经营企业，将在省际、市际客运班线经营权招投标和企业年度质量信誉考核中予以加分。

（5）防止出现新的垄断和挂靠经营。各地在实施区域经营时，在有条件的县（区）可引入多个经营主体，防止资源过分集中出现垄断经营，以及由此引起的新的挂靠和承包经营。

45. 如何慢慢完善农村客运站场建、管、运体制？

（1）加大农村客运站场建设投入。加大对农村客运站场建设的投入力度，重点补助镇级站和农村候车亭建设，适当提高镇级站的补助标准。交通主管部门安排专项资金，同时积极争取各级地方政府从资金、用地等政策方面予以重视和扶持，特别是与镇、村基层政府协调解决农村客运站场建设用地问题，采取国家投资、社会捐资、市场融资、广告收入等多种方式，加大投入力度，加快本地农村客运站场的建设。

（2）合理控制农村客运站场建设规模。各地要根据当地的农村客运站场规划，按照实际需求和建设资金状况，确定合理的站场建设规模。以县（区）为单位，制定统一的行政村候车亭式样，并将候车亭的建设成本控制在2万元以内。

（3）完善农村客运站场的建设管理体制。结合区域经营，在每个片区建立一个中心站和中心交管所合一的站场，站场建设采取省、市、县补一点，企业出一点的办法，由企业负责建设和管理；候车亭由省、市、县负责补助，县级交通主管部门负责组织实施，企业（农村客运经营者或有养护职能的道班）和当地村委会负责管理；以站、候车亭为节点，构建完善的农村客运网络。

（4）加强经营监管。中心镇交管所负责对农村客运站场和区域经营企业的服务质量、经营行为和安全生产进行日常的监管，将农村客运站场的经营管理和农村客运有效衔接起来，建立完善的农村客运站场建、管、运体制。

46. 如何加快农村客运线路网络化建设？

（1）积极构建县到镇和镇到行政村两级农村客运网络体系。要在区域经营的基础上，以乡镇农村客运站场为依托，由区域经营公司合理组织安排县通镇和镇通村班车的班次，实现县到镇和镇到行政村两级网络的无缝衔接。同时，实行两级农村客运班车联票制度，对县通镇和镇通村班车转乘旅客给予一定的票价优惠，降低农民出行成本，方便广大农民群众出行。

（2）做好农村客运班车和干线客运班车的衔接工作。除少数人口较多，确有需求的中心镇以外，将在乡镇发车的省际、市际客运班车尽可能集中到县（区）主枢纽站场发车，通过两级农村客运网络实现农村客流的相对集中，既提高农村客运的经营收入，又提高干线班车的经济效益。

47. 农村客运经营的条件及许可方式有哪些？

（1）道路条件。凡完成项目交工验收报告备案工作或取得交通主管部门签发《公路工程交竣工验收鉴定书》的农村公路，应视为符合车辆通行条件的农村公路。

（2）车型条件。鉴于农村客运客源少、经济效益差，农村客运车辆特别是通村班车的车型不宜太大的特点，通村班车允许选择国家发展和改革委员会《车辆生产企业及产品公告》中的产品，且经公安部门检测合格核发客车牌照，车辆技术等级达到三级以上，符合当地农村客运市场需求的客运车辆。凡经批准从事农村客运的车辆，应在车辆前挡风玻璃下方车身喷涂绿色"农村客运"字样。

（3）经营者资格条件。根据《道路旅客运输及客运站管理规定》的分类，农村客运属于四类以下客运班线，其经营者应具备《道路旅客运输及客运站管理规定》规定的四类客运班线经营资格，实行企业化经营和管理。除此之外，各地不得再增加其他经营资格方面的限制。农村客运向民营资本开放，一个县（区）农村客运企业数量不作限制。

（4）扩大通村客车经营范围。为提高通村客车的利用效率，提高农村客运经营者收入，各地可根据当地的实际情况，突破现行客运车辆"一车一牌"制度，对农村客运企业按不超过其拥有的通村班车数量30%的比例发放县内包车标志牌，并实行本企业农村客运车辆通用管理。农村客运企业使用农村客运车辆开展县内包车业务时，不得降低农村客运班线的服务质量，每条农村客运班线上开行的班次数不得低于交通主管部门规定的最低班次数。

（5）下放部分跨市农村客运班线许可权。对毗邻县的毗邻镇域之间（客运班线起点和终点分别在两个毗邻镇域范围之内）的跨市农村客运班车（不包括县、区所在地的镇），可采取由两地市级交通主管部门（道路运输管理机构）协商同意，报省交通厅核准的方式进行许可。

48. 如何提高农村道路交通安全水平？

由于近年来车辆保有量快速增长，尤其是广东省，农村道路交通安全问题日益突出，道路交通安全形势愈发严峻，道路交通事故死亡人数占总安全生产事故死亡人数的九成左右，所以政府在接下来的工作中会尽全力做到以下几个方面：

（1）推进乡镇交通管理服务平台建设。落实乡镇政府对农村交通运输安全的监管责任，建立健全乡镇预防道路交通事故议事协调机制，建立完善乡镇交通管理服务平台，负责组织协调和督促指导农村道路交通安全管理工作。争取到2018年年底，各县（市、区）设有交通管理服务平台和交通安全员的乡镇达到100%。

（2）推进农村道路交通安全劝导站建设。在机动车通行较为集中的乡村道路与国道、省道交汇路口或乡镇辖区重要路段，要设置农村道路交通安全劝导站，并保证每个劝导站设置不少于2名交通安全协管员。预计到2018年年底，各县（市、区）设有交通安全劝导站的行政村达到70%，设有交通安全协管员的行政村达到80%。

（3）加大农村道路建设和养护力度。严格落实县级政府农村公路建设养护管理主体责任，科学组织实施农村公路建设规划，编制农村公路养护建议计划，筹集和管理农村公路养护资金，监督农村公路管理机构的管理养护工作，检查养护质量，促进农村公路持续健康发展。

（4）加强农村道路交通安全信息系统建设。各地要逐步推广应用农村道路交通安全管理信息系统，汇集融合农村道路交通管理人、车、路等基础信息与执法、宣传、劝导、隐患排查等动态信息，推动实现农村道路交通管理工作在线部署、进度控制、监督预警、考核评价等动态管理。

（5）积极开展"平安村口"建设。深入推进公路安全生命防护工程向农村公路延伸。交通运输主管部门要结合公路建设养护、升级改造和村村通客车等工作，统筹部署和督导各地在国道、省道等交通干道与沿线村道交汇路口，按"五个一"（一组减速标志、一块反光凸镜、一组停车让行标志、一组注意村庄的警告标志、一段良好的停车视距）标准开展"平安村口"建设。确保到 2020 年年底，"平安村口"建设完成率达到90% 以上。

（6）加强机动车安全监管。乡镇政府要组织农村交警中队、派出所、交通安全劝导站、农机监理站等部门，按照"一车一档、一人一档"的要求，对辖区车辆开展全面摸排造册。公安部门要加强农村道路交通安全执法和道路交通事故应急救援等工作，要督促符合登记条件的三轮汽车、摩托车、电动车、面包车、低速载货汽车等车主进行登记上牌，进一步优化办事流程，实行上门便民服务措施，方便群众办理车辆登记、机动车驾驶证等业务，努力降低群众办事成本。工商部门要加强农村地区流通领域机动车、电动自行车质量的监管，依法查处销售不符合国家标准商品的行为。质监部门要依法加强助力车强制认证管理，依法查处无证生产行为，开展生产领域助力车产品质量监督抽查工作，并向社会公开抽查结果。

（7）加强客货运驾驶人安全监管。交通运输部门要严把客货运驾驶人从业资格准入关，加强从业条件审核与培训考试。交通运输、公安部门要建立客货运驾驶人从业信息、交通违法信息、交通事故信息共享机制，加快推进信息查询平台建设，设立驾驶人"黑名单"信息库。农机部门要加强拖拉机登记注册和拖拉机驾驶证核发管理工作，督促拖拉机所有人、驾驶人及运输业主落实交通安全各项制度和防范措施，加强农业机械上路行驶管理。

（8）加强运输企业安全监管。交通运输部门要加强农村道路运输企业安全监管，落实道路养护监管责任，督促公路养护机构加强道路安全设施维护管理，督促运输企业、客运站场、公路养护单位落实道路运输安全生产主体责任，加强重点车辆动态监管。到 2018 年年底，实现重点车辆卫星定位汽车行驶记录仪安装率达 100%。教育部门要牵头会同公安、交通运输等部门加强对校车及驾驶人、随车照管人员的管理，建立农村校车及其驾驶人管理档案，定期对学生接送车辆的资质和安全状况进行排查，对存在安全隐患的要及时整改或取缔。

（9）加大联合执法力度。县、乡镇政府要建立健全由公安、交通运输、农机等部门参与的联合执法机制，根据圩日、重大节假日等重点时段交通安全特点，大力整治交通违法行为。要重点整治三轮汽车、低速载货车和拖拉机违法载人，骑乘摩托车不戴安全头盔，客运车辆非法营运、站外揽客，以及超员超速超限超载、无证驾驶、酒后驾驶等严重交通违法行为。

（10）强化工作保障。各级政府要加强农村道路交通安全组织体系建设，建立完善省、市、县、乡镇四级道路交通安全管理工作协调机制。各地要结合财政事权和支出责任划分，落实乡镇交通管理服务平台、交通安全员、农村道路交通安全劝导站、交通安全协管员建设管理的有关经费保障。公安部门要加强乡镇交警中队建设，完善农村派出所参与农村道路交通安全工作的长效机制，督导农村道路交通安全劝导站及交通安全协管员建设管理。

（11）强化宣传教育。各级政府要制订并组织实施年度道路交通安全宣传教育计划，强化农村道路交通安全宣传阵地建设。加强对农村客车、校车、货车、面包车、摩托车驾驶人和村干部、教师等农村重点群体的宣教，发挥重点群体示范作用，带动农村文明交通素质整体提高。

（12）强化考核问责。各级政府要将农村道路交通安全纳入安全生产、社会综治等考核内容，公安、交通运输、安全监管部门负责做好有关工作落实。要落实农村道路交通安全事故责任追究制度，对农村地区发生一次死亡 3 人及以上或有较大社会影响道路交通事故的，要在事故发生之日起 60 日内提交事故调查处理报告，除依法依规调查处理外，还要逐一倒查相关乡镇政府、村（居）委会和监管部门负责人的责任。对事故频发地区，各级政府及相关部门要按规定对其负责人进行诫勉约谈。

第六章

农村医疗保险问题

49. 什么是"新农合"?

"新农合"是新型农村合作医疗的简称,是指由政府组织、引导、支持,农民自愿参加,个人、集体和政府多方筹资,以大病统筹为主的农民医疗互助共济的社会保障制度。其采取个人缴费、集体扶持和政府资助的方式筹集资金。"新农合"是由我国农民(农业户口)自己创造的互助共济的医疗保障制度,在保障农民获得基本卫生服务、缓解农民因病致贫和因病返贫方面发挥了重要作用。它为世界各国,特别是发展中国家所普遍存在的问题提供了一个范本,不仅在国内受到农民群众的欢迎,而且在国际上获得好评。地方财政对参加"新农合"的农民补助从 2002 年时的人均不低于 10 元提高到了 2017 年的人均 450 元。

50. "新农合"保障的范围有哪些? 报销标准是怎样的?

"新农合"的报销范围包括:参加人员在统筹期内因病在

定点医院住院诊治所产生的药费、检查费、化验费、手术费、治疗费、护理费等符合城镇职工医疗保险报销范围的部分（即有效医药费用）。

"新农合"基金支付设立起付标准和最高支付限额。医院年起付标准以下的住院费用由个人自付。同一统筹期内达到起付标准的，住院两次及两次以上所产生的住院费用可累计报销。超过起付标准的住院费用实行分段计算，累加报销，每人每年累计报销有最高限额。

报销标准如下：

（1）门诊补偿。村卫生室及村中心卫生室就诊报销60%，每次就诊处方药费限额10元，卫生院医生临时补液处方药费限额50元；镇卫生院就诊报销40%，每次就诊各项检查费及手术费限额50元，处方药费限额100元；二级医院就诊报销30%，每次就诊各项检查费及手术费限额50元，处方药费限额200元；三级医院就诊报销20%，每次就诊各项检查费及手术费限额50元，处方药费限额200元；中药发票附上处方每贴限额1元；镇级合作医疗门诊补偿年限额5000元。

（2）住院补偿。①报销范围：一是药费，辅助检查如心脑电图、X光透视、拍片、化验、理疗、针灸、CT（电子计算机断层扫描）、核磁共振等各项检查费，限额200元；手术费（参照国家标准，超过1000元的按1000元报销）。二是60周岁以上老人在镇卫生院住院，治疗费和护理费每天补偿10元，限额200元。②报销比例：镇卫生院报销60%，二级医院报销40%，三级医院报销30%。

（3）大病补偿。①镇风险基金补偿：凡参加合作医疗的住院病人一次性或全年累计应报医疗费超过 5000 元以上分段补偿，即 5001～10000 元补偿 65%，10001～18000 元补偿 70%；镇级合作医疗住院及尿毒症门诊血透、肿瘤门诊放疗和化疗补偿年限额 1.1 万元。②"新农合"基金报销支付特殊病种有：恶性肿瘤化疗、放疗；重症尿毒症的血透和腹透；组织或器官移植后的抗排异反应治疗；精神分裂症伴精神衰退；系统性红斑狼疮（有心、肺、肾、肝及神经系统并发症之一者）；再生障碍性贫血；心脏手术后抗凝治疗。其余可报销的特殊病种，以当地具体政策为准。特殊病种的特定门诊治疗包括治疗期间必需的支持疗法和全身、局部反应对症处理，一般辅助治疗不列入报销范围。

51. 不归"新农合"保障的内容有哪些？有哪些注意事项？

以下情况不列入"新农合"报销范围：

（1）非区内定点医院门诊医疗费用（特殊病种门诊治疗费用除外）、未按规定就医、自购药品所产生的费用。

（2）计划生育措施所需的费用，违反计划生育政策的医疗费用。

（3）镶牙、口腔正畸、验光配镜、助听器、人工器官、美容治疗、整容和矫形手术、康复性医疗（如气功、按摩、推拿、理疗、磁疗等）以及各类陪客费、就诊交通费、出诊费、住院期间的其他杂费等费用。

（4）存在第三方责任的情况下，发生人身伤害产生的医药费依法由第三责任方承担，如交通事故、医疗事故、工伤等。

（5）因自杀、自残、服毒、吸毒、打架斗殴等违法行为以及其家属的故意行为造成伤害所产生的医药费。

（6）出国或在港澳台地区期间发生的医疗费用。

（7）城镇职工医疗保险制度规定不予报销的药品和项目。

（8）区医院管理协会确定的其他不予报销的费用。

52. 目前"新农合"体系存在哪些问题和不足之处？

（1）参保范围方面："新农合"的对象主要是所有具有农村户籍的人口，是个人、集体和政府共同筹资，以大病统筹为主的农民医疗互助共济制度，而相较之下，城镇社保只要求户口在城镇。另外，保障范围也较小。从本质上来说，"新农合"的作用就相当于社保中的医保，因为它只针对医疗这一块儿。而相较之下，社保包含了养老、失业、生育、工伤等多个方面。

（2）报销标准方面："新农合"每年所缴费用是不可以累积使用的，也就是说今年缴的费用如果用不完的话，明年是不可以接着用的。而在报销上，"新农合"主要报销住院费用，

一级医院起付线 300 元，不设补偿费用分段，报销比例为
65%；县三级医院起付线 600 元，补偿费用分段在 6000 元以下
报销 65%，6000 元以上报销 80% 等，医院级别不同，报销比例
不同。但是，截至目前，"新农合"的收费标准、报销比例以
及医院规定都还没有实行全国统一化。有些地区的住院费用标
准太高，住院下来所花的费用减去报销后，比自己去一些不报
销的诊所看病还要贵。并且，对于一些乡村的可以报销的卫生
院，经常出现要么没药，要么没网的问题，小病报不了，大病
即便是报销后依旧没有减轻家庭负担，导致很多人现在对"新
农合"持不看好的态度。

（3）报销便捷程度方面：现在很多地区的"新农合"还没
有实现异地报销，在外工作的很多人即便是在家里交了"新农
合"，一年下来也用不上，所以也就逐渐地放弃了。综合来说，
目前我国的"新农合"制度在全国范围内还不像社保那样完
善，还有改善的空间。

53. 今后国家和社会将会作出哪些努力来改善"新农合"体系？

（1）异地就医可以跨省结算。不能异地结算是阻碍农民对
"新农合"积极性的最大问题，也是妨碍社会公平和困扰农民
的问题。今后国家会建立起更加完善、科学的跨省结算、异地

报销网络系统，让农民可以放心地看病，便捷、轻松地拿到保费。现在部分地区已经开始试点异地就医参与结算报销，避免了农民异地奔波的辛苦。此外，农民看病难，不仅仅是因为医疗条件落后、交通不便等问题，还遇到了很多人为设置的障碍。比如过去长期存在的药品加成费。如今，国家已经明令禁止包括医院在内的各类医疗机构收取该费用，这样一来，农民看病买药的开销也会比过去少一些。

（2）农村有七类人可以免缴"新农合"费用。"新农合"费用逐年上涨，但是 2018 年这六类人依然不用再缴纳"新农合"，让农村困难家庭免费享受"新农合"带来的福利：①农村低保户；②农村"五保户"；③农村贫困残障人员；④民政部门重点优抚对象；⑤农村建档立卡贫困人员；⑥农村计划生育特殊家庭。

（3）缴费标准的减少。在农村生活的独生子女，有三级以上的伤残证明的计划生育家庭。同时规定新出生儿出生后 6 个月内缴纳的，从出生之日享受待遇；出生后 6 个月缴纳的，不但要全额缴纳，而且待遇需从系统认定缴纳日期起 30 日后至 12 月 31 日。

（4）报销制度将调整，以下 3 种情况不予报销：一是低于规定的最低报销金额的不再报销。在很长一段时间内，农民只需要提供相关的手续，不管看病花了多少钱都可以按照规定的比例参与保险。但是这种情况将结束了，根据新规定，各级医院将设置起报金额，低于起报金额的，一律不再报销。具体标准是，乡镇卫生院起报标准为 100 元；县级医院根据等级，二级甲等起报金额为 500 元，三级甲等起报金额为 2000 元。低于以上标准的将不予报销。二是参合患者按现行"新农合"基本医疗保障政策补偿后，个人年度累计负担的合规医疗费用扣减"新农合"大病保险起付线后，5万元以内部分，补偿比例为50%；5万元以上至10万元部分，补偿比例为60%；10万元以上部分，补偿比例为70%。按参合年度计算，年封顶线为25万元。三是养生药品不予报销。其实通俗地说，就是很贵的通常不报；具体地说，就是医保药物目录以外的不能报，像保健药品、营养药品均不予报销。

54. 什么是"新农保"？

"新农保"是新型农村社会养老保险的简称，是以保障农村居民年老时的基本生活为目的，由政府组织实施的一项社会养老保险制度，是国家社会保险体系的重要组成部分。养老待遇由社会统筹与个人账户相结合，与家庭养老、土地保障、社会救助等其他社会保障政策措施相配套，建立个人缴费、集体补助、政府补贴相结合的筹资模式。实行社会统筹与个人账户相结合，与家庭养老、土地保障、社会救助等其他社会保障政策措施相配套，保障农村居民老年基本生活。2009年试点覆盖面为全国10%的县（市、区、镇），以后逐步扩大试点，在全国普遍实施，2020年之前基本实现对农村适龄居民的全覆盖。

参保对象为年满16周岁（不含在校学生）、未参加城镇职工基本养老保险的农村居民，可以在户籍地自愿参加"新农保"。

"新农保"政策解读：

（1）覆盖范围：年满16周岁（不含在校学生），未参加城镇职工基本养老保险的农村居民，自愿参保。

（2）筹资方式实行个人缴费、集体补助、政府补贴相结合。①个人缴费：个人缴费标准目前设置为每年100元、200元、300元、400元、500元五个档次，各地可根据实际情况增设缴费档次，由参保人自主选择缴费档次。②集体补助：有条件的村集体应该对参保人给予补助，补助标准由村民委员会召开村民会议民主确定。鼓励其他经济组织、社会公益组织、个人为参保人缴费提供资助。③政府补贴：地方政府对参保人缴费给予的补贴标准不低于30元/人/年，对选择较高档次标准缴费的给予适当的鼓励；对农村重度残疾人等缴费困难群体，地方政府为其代缴全部或部分最低标准的养老保险费。

（3）个人账户：个人缴费、集体补助、地方政府补贴，全部计入个人账户；个人账户储额依照中国人民银行公布的金融机构人民币一年期存款利率计息。

（4）养老金待遇实行基础养老金和个人账户养老金相结合。①基础养老金：中央确定的最低基础养老金标准为55元/人/月，由政府全额支付；地方政府可根据实际情况适当提高基础养老金标准，对长期缴费的农村居民，可适当加发基础养老金。②个人账户养老金：月计发标准为个人账户全部储额除以139。

（5）养老金领取条件：年满60周岁，未参加城镇职工基本养老保险的农村有户籍的老年人。60 岁以上（含 60 岁）的老人不用缴费，可以按月领取基础养老金，但其符合参保条件的子女应当参保缴费；45～60 岁的"中人"应按年缴费，也允许补缴，累计缴费不超过 15 年；45 岁以下的"新人"应按年缴费，累计缴费不少于 15 年。

（6）待遇调整：国家根据经济发展和五角变动等情况，适时调整全国"新农保"基础养老金的最低标准。

（7）基金管理："新农保"基金暂实行县级管理，"新农保"工作经费纳入同级财政预算，不得从"新农保"基金中开支。

55. 参保"新农保"需要注意什么规则？

（1）保费待遇问题。养老金待遇由基础养老金和个人账户养老金组成，支付终身。中央确定的最低基础养老金标准为 55 元/人/月。地方政府可以根据实际情况提高基础养老金标准，对长期缴费的农村居民，可适当加发基础养老金，提高和加发部分的资金由地方政府支出。

个人账户养老金的月计发标准为个人账户全部储额除以 139（与现行城镇职工基本养老保险个人账户养老金计发系数相同）。参保人死亡，个人账户中的资金余额，除政府补贴外，可以依法继承；政府补贴余额用于继续支付其他参保人的养老金。

（2）"新农保"的领取条件。年满 60 周岁，未享受城镇职工基本养老保险待遇的农村有户籍的老年人，可以按月领取养老金。

"新农保"制度实施时，已年满 60 周岁、未享受城镇职工基本养老保险待遇的，不用缴费，可以按月领取基础养老金，但其符合参保条件的子女应当参保缴费。距领取年龄不足 15 年的，应按年缴费，也允许补缴，累计缴费不超过 15 年；距领取年龄超过 15 年的，应按年缴费，累计缴费不少于 15 年。

（3）"新农保"和社保之间的关系问题。"新农保"和社保目前不属于同一个系统，二者暂时不能合并。不过，现在政府已出台征求意见稿，有望不久的将来可以社保、城保（城镇职工社会保险）、"新农保"互转合并，同时段重复参保的养老保险，会退回领取待遇低的、保留高待遇的，不同时段参保的有望可以互转。"新农保"和社保之间没有冲突，但是只能用其中一个；如果两份保险都缴纳的农民，只要把社保和"新农保"的凭证都保留好，待到以后两种保险合并后会退回待遇低的保险保费、保留领取高待遇的。

56. 为什么一部分农民不愿意缴纳"新农保"？

"新农保"推行十多年来，不断借鉴国内外的优秀案例和经验做法，对农民的生活进行了卓有成效的改善，但是自身还是存在着一些问题，有待更进一步的调整和完善。最主要的问题是资金筹集方式较为单一。"新农保"采取"个人缴费、集体补助、政府补贴"的筹资机制。但在具体制度设计上，个人缴费、集体补助、政府补贴都存在着一些问题。

（1）个人缴费难以达到理想状况。个人缴费的100元、200元、300元、400元、500元五个档次的确定缺乏依据，较为主观。由于农村居民的实际收入本身难以确定，所以农村地区缴费的水平，应以农村居民的实际收入水平作为缴费基数，确定适度的缴费率。这样，既考虑到地区之间经济发展的不平衡，也考虑到随着经济发展、农村居民收入提高后，个人缴费额度也能"水涨船高"。另外，将个人缴费设置为由低到高的五个档次，看起来是考虑到不同收入的农村居民的负担能力，扩大个人缴费选择的自由度。但是，由于宣传不到位等因素，在实际的参保过程中，大部分参保人可能只会选择最低的缴费档次，使多档次的弹性个人缴费额度蜕变成单一的缴费额度。

（2）集体补助的区域差异较大。"新农保"政策中，将集体补助作为"新农保"资金的一个来源。但以广东为例，实际上粤西北农村和山区的集体经济规模较小，甚至对于某一小部分农村来说，集体经济还是处于"名存实亡"的地步，补助"新农保"的能力较差，农民可获得的补助较少。

（3）地方政府补贴难以实现。随着中国经济的快速发展和经济实力的稳定增强，中央政府财政收入在未来较长时间内将持续增长，中央补贴可以保证。而对于地方政府而言，这可能是个困难的目标。2016年，政策规定地方政府对参保人给予每年不少于 30 元的财政补贴，对于珠三角和东部发达地区来说，财政负担 30 元的补贴基本上没有压力；但对于大多数还处在依靠中央财政支持的粤西北和山区来说，则存在较大的困难。

（4）基础养老金保障水平偏低。从"老农保"（以个人缴费为主、完全个人账户的农村社会养老保险）每月 3 元的养老金到"新农保"每月仅基础养老金就 55 元，可以看到这是中国农村社会养老保险制度的一个巨大的进步。但是到 2019 年时，"新农保"的基础养老金替代率仅为 12.8%，这比城镇基本养老保险基础养老金的 20% 的替代率低了 7.2%，到了 2013 年，替代率下降到了 7.42%。考虑到各地区农村居民人均纯收入的差异，收入较高地区的这个替代率还要更低。这说明"新农保"比起城市社保的保障力度还是较小的。

以上是"新农保"目前还存在的不足之处，也是现今农民不愿意缴纳"新农保"最根本的原因所在。

57. 针对"新农保"现存的一些不足，国家和政府还会作出哪些努力？

（1）调整待遇。国家根据经济发展和物价变动等情况，适时调整全国"新农保"基础养老金的最低标准。

（2）加强基金管理。建立健全"新农保"基金财务会计制度。"新农保"基金纳入社会保障基金财政专户，实行收支两条线管理，单独记账、核算，按有关规定实现保值增值。试点阶段，"新农保"基金暂时实行县级管理，随着试点扩大和推开，逐步提高管理层次，有条件的地方也可直接实行省级管理。

（3）加强基金监督。各级人力资源和社会保障部门切实履行"新农保"基金的监管职责，制定、完善"新农保"各项业务管理规章制度，规范业务程序，建立健全内控制度和基金稽核制度，对基金的筹集、上解、划拨、发放进行监控和定期检查，并定期披露"新农保"基金筹集和支付信息，做到公开透明，加强社会监督。财政、监察、审计部门按各自职责实施监督，严禁挤占挪用，确保基金安全。试点地区"新农保"经办机构和村民委员会每年在行政村范围内对村内参保人缴费和待遇领取资格进行公示，接受群众监督。

（4）经办管理服务。开展"新农保"试点的地区，相关部门要认真记录农村居民参保缴费和领取待遇情况，建立参保档案，长期妥善保存；建立全国统一的"新农保"信息管理系统，纳入社会保障信息管理系统（"金保工程"）建设，并与其他公民信息管理系统实现信息资源共享；大力推行社会保障卡，方便参保人持卡缴费、领取待遇和查询本人参保信息。试点地区按照精简效能原则，整合现有农村社会服务资源，加强"新农保"经办能力建设，运用现代管理方式和政府购买服务方式，降低行政成本，提高工作效率。"新农保"工作经费纳入同级财政预算，不得从"新农保"基金中开支。

（5）相关制度衔接。原来已开展"老农保"的地区，要在妥善处理"老农保"基金债权问题的基础上，做好与"新农保"制度衔接。在"新农保"试点地区，凡已参加"老农保"、年满60周岁且已领取"老农保"养老金的参保人，可直接享受"新农保"基础养老金；对已参加"老农保"、未满60周岁且没有领取"老农保"养老金的参保人，应将"老农保"个人账户资金并入"新农保"个人账户，按"新农保"的缴费标准继续缴费，待符合规定条件时享受相应待遇。"新农保"与城镇职工基本养老保险等其他养老保险制度的衔接办法，由人力资源和社会保障部会同财政部制定。政府会妥善做好"新农保"制度与被征地农民社会保障、水库移民后期扶持政策、农村计划生育家庭奖励扶助政策、农村"五保"供养、社会优抚、农村最低生活保障制度等政策制度的配套衔接工作，具体办法由人力资源和社会保障部、财政部会同有关部门研究制定。

（6）加强组织领导。国务院成立"新农保"试点工作领导小组，研究制定相关政策并督促检查政策的落实情况，总结评估试点工作，协调解决试点工作中出现的问题。地方各级人民政府要充分认识开展"新农保"试点工作的重大意义，将其列入当地经济社会发展规划和年度目标管理考核体系，切实加强组织领导。各级人力资源和社会保障部门要切实履行"新农保"工作行政主管部门的职责，会同有关部门做好"新农保"的统筹规划、政策制定、统一管理、综合协调等工作。试点地区也要成立试点工作领导小组，负责本地区试点工作。

（7）制定具体办法和试点实施方案。省（区、市）人民政府要根据《国务院关于开展新型农村社会养老保险试点的指导意见》，结合各地区实际情况，制定试点具体办法，并报国务院"新农保"试点工作领导小组备案；要在充分调研、多方论证、周密测算的基础上，提出切实可行的试点实施方案，按要求选择试点地区，报国务院"新农保"试点工作领导小组审定。试点县（市、区、旗）的试点实施方案由各省（区、市）人民政府批准后实施，并报国务院"新农保"试点工作领导小组备案。

（8）做好舆论宣传工作。建立"新农保"制度是深入贯彻落实乡村振兴战略、加快建设覆盖城乡居民社会保障体系的重大决策，是应对国际金融危机、扩大国内消费需求的重大举措，是逐步缩小城乡差距、改变城乡二元结构、推进基本公共服务均等化的重要基础性工程，是实现广大农村居民老有所养、促进家庭和谐、增加农民收入的重大惠民政策。各地区和有关部门要坚持正确的舆论导向，运用通俗易懂的宣传方式，加强对试点工作重要意义、基本原则和各项政策的宣传，使这项惠民政策深入人心，引导适龄的农民积极参保。

各地要注意研究试点过程中出现的新情况、新问题，积极探索和总结解决新问题的办法和经验，妥善处理改革、发展和稳定的关系，把好事办好。重要情况要及时向国务院"新农保"试点工作领导小组报告。

58. 除经济发展因素外，我国的山区、农村自身存在哪些原因导致教育质量较差？

我国的山区、农村教育水平的落后，不仅是长期以来的经济发展因素拉开的差距，还有以下四个原因的共同作用：

（1）家长观念的落后。据调研和调查发现，农村家长的教育观念普遍都较为落后，总结起来大致有这么几点：①"成绩好就是好孩子"的观念。这一观念的根源是农村长久以来形成的"光宗耀祖""光耀门楣"的传统。其导致了无限放大应试教育的重要性，从而使整个农村社会忽视了素质教育的重要性，使孩子缺乏其必要的"社会性"这一人的本质属性，其以后也很难适应社会。②"读书无用"论。这是和第一种观念相对立的另一个极端，其根源是进城务工的家长在工厂中得来的偏激的观念，认为赚钱才是教育的第一要务，认为技术是最重要也是最快的挣钱途径。他们会迫使孩子放弃可能颇为光明的读书的道路，转而进入职业技术学校学习手艺技术。这剥夺了孩子自主选择的权力，也会挫伤农村教育的积极性。③"我不懂怎么教孩子，老师，我的孩子就全权交给你负责了"。这一种想法颇为无奈，因为许多农村家长本身不懂如何教育孩子，也没有时间、精力教育孩子。但是，缺乏家庭教育的教育是不完整的，老师也没办法在一个孩子身上投入太多精力，这会导致孩子人格、情操、道德上的不完整和不健全。④"棍棒底下出孝子"。只要孩子"不听话"或者做事不称家长心意便会遭到打骂。诚然，如果孩子真的有错，那么严肃的教育是必要的，但是绝不应该是体罚和暴力。打骂会让孩子心理变态，导致孩子走向或暴力或自卑自闭的极端，从而产生不可挽回的后果。

（2）孩子家庭教育的缺失。由于农村、山区的青壮年普遍都选择进城务工，将孩子留在农村或山区，导致孩子得不到完备的家庭教育和完整的亲情与爱。尤其是大多数爷爷奶奶都非常溺爱自己的孙子孙女，但老人仅能照料他们的衣食生活，对于他们的学习及道德品格却缺乏科学引导。学生自身方面，这些孩子缺乏必要的社会及法律知识，他们中的一部分人拉帮结派、打群架、喜欢逞能。由于没有家长的管束，他们不知道包容，不懂得谦让，道德水平极低，与整个社会格格不入，给农村的教育带来许许多多的麻烦。

（3）人口的过度增长。"多子多福""重男轻女""养儿防老""越穷越生"等落后观念支配下，广东省的农村和山区的人口出生率非常高，计划生育的政策执行情况比较差，教育的需要者数目非常多，这加剧了教育资源的紧缺。基层的小学教育勉强可以跟上，但中学老师缺乏、中学组织形式有所不同、中学升学考试压力大，中学教育供给的压力非常大。这是政府加大教育投入也无法解决的问题，其后果也是非常严重的：农村男女比例严重失调，农村大量学生辍学失学，农村大量女孩子只读了小学甚至小学都还没毕业就回家务农或外出打工，农民生活愈发贫穷。

（4）农村内部贫富差距较大。不仅地区之间的贫富差距影响教育资源分配和教育质量差距，地区内部的贫富差距也会导致该地区教育质量的下降。富裕的农民会给孩子加大教育投入，让孩子进入城里的学校，接受更好的教育，获得更多的资源，而贫穷的农民甚至连孩子的学费都难以交齐。这样一来，农村教育便会每况愈下，和城市教育的差距越来越大。此外，低下的教育质量使得贫穷的家庭文化素质更加低下，贫穷的家庭越来越穷，而富足的家庭则会越来越富，从而形成一个恶性循环。

59. 我国政府作出了哪些努力来提高山区、农村等欠发达地区的基础教育水平？

我国政府高度重视乡村地区教育质量提升，以及受教育人数的增长。以广东省为例：

（1）高度重视教育顶层设计。构建起以创建教育强县为重要抓手，以"创强争先建高地"（即"加快创建教育强省，争当教育现代化先进区，打造南方教育高地，努力走出一条具有广东特色的教育发展路子"）为目标的政策措施与行动体系。各级政府制定了明确的目标、任务、方法、时间表和线路图，极大地提升了义务教育学校办学水平，优化了城乡教育资源配置，促进了义务教育均衡发展。2003 年以来，广东先后实施了中小学布局调整工程、老区学校改造工程、义务教育学校危房改造工程、规范化学校建设工程、中小学校舍安全工程和"三室一场五有"（"三室一场"指标准配置教室、实验室、阅览室和运动场；"五有"指有符合卫生标准的饮用水，符合安全卫生标准的厕所，可供教师工作休息的住房，寄宿制学校还要有符合安全标准的学生宿舍、符合卫生标准的学生食堂）改造工程等，全省特别是农村地区义务教育学校办学条件明显改善。

（2）按照"保基本，补短板"的原则，不断加大教育投入力度。2012年以来，为了进一步落实广东省第十一次党代表大会提出的教育"创强争先建高地"的战略部署，2012年至2016年，广东省级财政教育投入"一揽子计划"共安排100亿元用于基础教育"创强"奖补，并将小学、初中公用经费补助标准分别提高至950元、1550元。据统计，广东全省欠发达地区基础教育"创强"累计投入资金400亿元，其中各级财政投入约320亿元、社会捐资约80亿元，有力地改善了学校的办学条件，缩小了城乡、校际差距。

（3）以提高教师专业化水平为目标，大力实施"强师工程"，努力建设高素质的教师队伍。实施了农村学校教育硕士师资培养计划，开展了农村义务教育教师全员培训和紧缺薄弱学科教师培训，提升了农村中小学教师专业水平。初步建立县域内公办中小学教师、校长定期流动的刚性约束机制，要求县域内每年至少有5%的教师进行交流。实施中小学"百千万人才工程"和"名教师、名班主任、名校长"培养工程，推动了中小学骨干教师队伍建设。

（4）在实施县域内中小学教师工资福利待遇"两相当"（教师与公务员相当、农村教师与城镇教师相当）、义务教育学校绩效工资、公职人员津补贴托底等政策的基础上，建立起山区和农村边远地区义务教育学校教师岗位津贴制度，进一步提高了农村教师待遇。2014年，广东财政投入山区和农村边远地区义务教育学校教师岗位津贴金额已达30.9亿元。

（5）关注弱势群体，将保障适龄儿童入学机会公平纳入教育"创强"和推进教育现代化先进县、先进市督导验收指标体系，努力保障随迁子女平等接受义务教育。构建了较为完善的助学体系，保障了农村学生尤其是贫困地区和家庭经济困难学生顺利就学。

60. 日后的乡村建设会给农村孩子的教育给予哪些方面的提升？

孩子可以享受到免费的九年制义务教育；作为农村学生，孩子的伙食营养将会得到改善；如果孩子是寄宿生，那么政府会为他提供生活补助；政府还会为学前农村儿童提供普惠性学前教育资助；如果孩子继续接受中等职业教育，那么国家会提供助学金；中等职业教育免除学杂费；进入普通高中就读的孩子会享受到国家助学金；国家会免除普通高中贫困建档立卡等家庭经济困难学生的学杂费。

此外，政府会对教育体系的各个方面进行升级改造：

（1）义务教育学校会进行标准化建设或改造。以贫困地区为重点，新建和改扩建校舍、运动场地、食堂（伙房）、厕所、饮水等设施条件，采购课桌凳、学生用床、图书、计算机等教学设施设备，全面改善贫困地区义务教育薄弱学校基本办学条件，逐步推进未达标城乡义务教育学校校舍、场所标准化。

（2）推进开展学前教育行动计划。加强普惠性幼儿园建设，新建、改扩建一批公办幼儿园，积极扶持企事业单位办幼儿园、集体办幼儿园和民办幼儿园向社会提供普惠性学前教育服务，重点保障农村适龄儿童和实施"全面两孩"政策新增适龄儿童入园需求。

（3）加强教师队伍建设。实施乡村教师支持计划；逐步扩大农村教师特岗计划实施规模；落实并完善集中连片特困地区和特别落后地区乡村教师生活补助政策；实施乡村地区中小学首席教师岗位计划，加大"国培计划"（中小学教师国家级培训计划）对乡村地区教师、校长培训的集中支持力度；加强乡村学校音、体、美等师资紧缺学科教师和双语（主要为英语）教师培训。

（4）开展教育信息化建设。鼓励探索网络化教育新模式，对接线上线下教育资源，扩大优质教育资源覆盖面。加快推进"三通两平台"（"三通"指宽带网络校校通、优质资源班班通、网络学习空间人人通；"两平台"指教育资源公共服务平台、教育管理公共服务平台）建设与应用，继续提升农村中小学信息化水平，通过政府购买服务等方式支持国家级优质教育资源平台建设。建立个人学习账号和学分认证平台，为学习者提供学分认定服务。

第八章

保护农民消费者权益

农村民生利益百问百答

61. 什么是消费者权益？有何专项法规？

消费者权益，是一定社会经济关系下适应经济运行的客观需要赋给商品最终使用者享有的权利，它是指消费者在有偿获得商品或接受服务时，以及在以后的一定时期内依法享有的权益。每年的 3 月 15 日为消费者权益日，全球各地的消费者组织都举行大规模的活动，宣传消费者权益。

专项法规为《中华人民共和国消费者权益保护法》。1993年 10 月 31 日第八届全国人民代表大会常务委员会第四次会议通过，自 1994 年 1 月 1 日起施行。2009 年 8 月 27 日，第十一届全国人民代表大会常务委员会第十次会议《关于修改部分法律的规定》进行第一次修正。2013 年 10 月 25 日，第十二届全国人民代表大会常务委员会第五次会议《关于修改〈中华人民共和国消费者权益保护法〉的决定》第二次修正。2013 年 10月 25 日中华人民共和国主席令（第七号）公布，自 2014 年 3月 15 日起施行。

在乡村，消费者所享有的权利包括以下几方面：

（1）安全保障权。安全保障权是指消费者在购买、使用商品或接受服务时，所享有的保障其人身、财产安全不受损害的权利。具体包括两个方面：一是人身安全权，二是财产安全权。

（2）知悉真情权。知悉真情权是指消费者知悉其购买使用的商品或者接受的服务的真实情况的权利。

（3）自主选择权。自主选择权是指消费者享有自主选择商品或者服务的权利。

（4）公平交易权。公平交易权是指消费者在购买商品或者接受服务时所享有的获得质量保障和价格合理、计量正确等公平交易的权利。

（5）依法求偿权。依法求偿权是指消费者因购买、使用商品或接受服务受到人身、财产损害时，依法享有的要求获得赔偿的权利。

（6）求教获知权。求教获知权是从知悉真情权中引申出来的一种消费者的权利，是指消费者所享有的获得有关消费和消费者权益保护方面的知识的权利。

（7）依法结社权。依法结社权是指消费者享有的依法成立维护自身合法权益的社会团体的权利。

（8）维护尊严权。维护尊严权是指消费者在购买商品或者接受服务时所享有的其人格尊严、民族风俗习惯得到尊重的权利。

（9）监督批评权。监督批评权是指消费者享有的对商品和服务以及保护消费者权益工作进行监督的权利。而农村消费者是消费市场中的弱势群体，相对分散的消费者则由于力量微弱、知识欠缺、缺乏组织，经常成为被损害的弱者。

农村消费市场是中国经济领域的重要组成部分，一方面应当加强农村消费者的权益意识，通过监督的方式保障其利益；另一方面则需要政府部门明确职能，共同构造良好的消费环境，保护好广大农民群众的消费权益。

62. 作为农村消费者，我们必须明白经营者有哪些义务？

所谓经营者，是指从事商品经营或者营利性服务的法人、其他经济组织和个人，经营者是以营利为目的从事生产经营活动并与消费者相对应的另一方当事人。经营者的义务是相对消费者的权利而言的，只有经营者履行了义务才能保障消费者权利的实现。《中华人民共和国消费者权益保护法》规定了 10 种经营者的义务，具体如下：

（1）履行法律规定或合同约定的义务。经营者与消费者的约定，可以是口头形式，也可以是书面形式，一旦约定生效，经营者应当履行承诺。

（2）听取意见和接受监督的义务。

（3）提供安全商品和安全服务的义务。经营者应当保证其提供的商品或者服务符合保障人身、财产安全的要求，对可能危及人身、财产安全的商品和服务，应当向消费者作出真实的说明和明确的警示，并说明和标明正确使用商品或者接受服务的方法以及防止危害发生的方法。经营者发现其提供的商品或者服务存在严重缺陷，即使正确使用商品或接受服务仍然可能对人身、财产安全造成危害的，应当立即向有关部门报告和告知消费者，并采取防止危害发生的措施。

（4）提供真实情况的义务。经营者应当向消费者提供有关商品或者服务的真实信息，不得作引人误解的虚假宣传。经营者对消费者就其提供的商品或者服务的质量和使用方法提出的询问，应当作出真实、明确的答复。商店提供商品应当明码标价。

（5）标明名称和标记的义务。经营者应当表明其真实名称和标记。租赁他人柜台或者场地的经营者，应当标明其真实名称和标记。

（6）出具购货凭证和服务单据的义务。经营者提供商品或者服务，应当按照国家有关规定或者商业惯例，向消费者出具购货凭证或者服务单据。消费者索要购货凭证或者服务单据的，经营者必须出具。

（7）保证质量的义务。经营者应当保证在正常使用商品或者接受服务的情况下，其提供的商品和服务应当具有的质量、性能、用途和有效期限；但消费者在购买该商品或者接受该服务前已经知道其存在瑕疵的除外。经营者以广告、产品说明、实物样品或者其他方式标明商品或者服务的质量状况的，应当保证其提供的商品或者服务的实际质量与标明的质量状况相符。

（8）承担"三包"责任及其他责任的义务。经营者应当按照国家规定承担对商品的"三包"责任，应当按照与消费者的约定承担对商品的"三包"责任，应当按照国家规定或者与消费者的约定承担对商品的"三包"以外的其他责任。经营者对以上义务的履行不得故意拖延或无理拒绝。

（9）不得利用格式合同等方式损害消费者的合法权益。经营者不得作出对消费者不公平、不合理的规定，不得作出减轻、免除其损害消费者合法权益应当承担的民事责任。格式合同、通知、声明、庙堂告示等含有上述所列内容的，其内容无效。

（10）尊重消费者人格的义务。经营者不得对消费者进行侮辱、诽谤，不得搜查消费者的身体及其携带的物品，不得侵犯消费者的人身自由。

63. 什么是欺诈消费者的行为？经营者欺诈消费者会受到哪些处罚和赔偿？

根据《中华人民共和国消费者权益保护法》和原国家工商行政管理总局 1996 年 3 月 15 日发布的《欺诈消费者行为处罚办法》的有关规定，判断经营者的行为是否构成欺诈主要从以下三个方面进行：

（1）根据经营者在提供商品或者服务时所采用的手段来判断。一般来说，经营者的下列行为属于欺诈消费者：①销售掺杂、掺假、以假充真、以次充好的商品；②采取虚假或者其他不正当手段使销售的商品分量不足的；③销售"处理品""残次品""等外品"等商品而谎称是正品的；④以虚假的"清仓价""甩卖价""最低价""优惠价"或者其他欺骗性价格表示销售商品的；⑤以虚假的商品说明、商品标准、实物样品等方式销售商品的；⑥不以自己的真实名称和标记销售商品的；⑦采取雇佣他人等方式进行欺骗性的销售诱导的；⑧作虚假的现场演示和说明的；⑨利用广播、电视、电影、报刊等大众传播媒介对商品作虚假宣传的；⑩骗取消费者预付款的；⑪利用邮购销售骗取价款而不提供或者不按照约定条件提供商品的；⑫以虚假的"有奖销售""还本销售"等方式销售商品的；⑬以其他虚假或者不正当手段欺诈消费者的行为。

（2）根据经营者的行为是否属于误导消费者来判断。判断经营者的行为是否误导消费者，应当采用一般标准，即以一般消费者的认知水平和识别能力为准。如果该行为足以使一般消费者发生误解，即构成欺诈；如果该行为不足以使一般消费者发生误解，则个别消费者不得以证明自己确实发生误解来主张欺诈行为的成立。经营者实施欺诈行为，一般都会造成消费者合法权益的损害。这种损害并不意味着要求有实际的损失或者损害发生，只要经营者的行为按其性质足以误导消费者，就可以被认定为欺诈。

（3）从经营者行为的主观方面来判断。我国法律并未明确规定构成欺诈行为的主观要件是故意，但从文义上来理解，欺诈是掩盖事实真相、误导消费者上当受骗的行为应无疑义。因此，并非经营者主观故意状态不需具备，而是"欺诈"二字本身已经包含或者揭示了经营者的故意心理。在下列情况下，经营者"不能证明自己确非欺骗、误导消费者而实施此种行为的，应当承担欺诈消费者行为的法律责任"：①销售失效、变质商品的；②销售侵犯他人注册商标权的商品的；③销售伪造产地、伪造或者冒用他人的企业名称或者姓名的商品的；④销售伪造或者冒用他人商品的名称、包装、装潢的商品的；⑤销售伪造或者冒用认证标志、名优标志等质量标志的商品的。经营者能够证明，就不是欺诈行为，不能证明则构成欺诈。

根据《欺诈消费者行为处罚办法》规定，经营者提供商品或者服务有欺诈行为的，依法给予如下处罚：

（1）由工商行政管理部门责令改正，可以根据情节单处或者并处警告、没收违法所得、处以违法所得一倍以上五倍以下的罚款，没有违法所得的处以一万元以下的罚款。

（2）情节严重的，责令停业整顿、吊销营业执照。

（3）其他有关法律、法规对处罚机关和处罚方式有规定的，依照法律、法规的规定执行。

根据《中华人民共和国消费者权益保护法》（2013 年修正）第五十五条规定：经营者提供商品或者服务有欺诈行为的，应当按照消费者的要求增加赔偿其受到的损失，增加赔偿的金额为消费者购买商品的价款或者接受服务的费用的三倍；增加赔偿的金额不足五百元的，为五百元。法律另有规定的，依照其规定。

64. 农村消费者维权时遇到的困难有哪些？

农村消费者维权的道路之所以难，主要是由以下几个方面的原因造成：

（1）大多数农村消费者因为维权需要付出较多的时间与其他成本。经济上的支出除了应付日常所需，还需要供应子女上学、农业生产支出等，这本身就使得他们囊中羞涩，所以他们更倾向选择自认吃亏，默不做声了事。甚至有些商家把"农村消费者维权意识淡薄"的现实当成商机，故意把劣质商品发往偏远农村。

（2）相对于市民，农村消费者法制观念淡薄，维权意识亟待提高。因为周围的人都是毫无经验的潜在受害者，大多数农村消费者为文盲和半文盲，维权意识和维权能力不强，明知自己购买的商品是假劣产品，却因交通不便、商品金额小、嫌麻烦、怕耽误农时而不愿去维权部门检验取证。另外，不少人保护消费证据的意识不强，在购买商品时很少索要发票等消费凭证，导致维权举证有理难辩，吃哑巴亏。维权氛围严重缺乏，自信心不足、息事宁人的态度和对市场管理部门的执法力度信心不足等因素，很容易转化成消费维权的弱势心态。

（3）农村地区消费者权益保护网络不健全。商品检验机构数量少，鉴定费用昂贵，消费者投诉无门，维权成本对于农村消费者过高，并且面对消费维权，部分商品企业不是直面产品质量问题，而是固守商品短缺时代的传统伎俩，采取人情化处理，或者拖延或者以繁琐的程序应对政府约谈和消费者投诉，也就迫使农村消费者选择"忍气吞声"。

（4）和城市相比，农村地区在收入水平、公共服务水平、市场监管水平等方面差距很大，一些不法经营者钻了农村市场监管不力的空子，利用集市、交易会、展销会等场所公然向农村销售各种假冒伪劣商品。受科技知识和法律常识缺乏限制，农村消费者在购买这些商品时难以辨别质量优劣，极易上当受骗。还有一些消费者因贪图便宜，知假买假，更是助长了假货盛行的趋势。

65. 常见的农村消费骗局有哪些？

（1）非法集资、网络传销骗局。现今，很多非法集资、网络传销也已开始向农村蔓延。他们打着"精准扶贫""消费返利"的名义，派出专人给缺乏金融常识的农民洗脑，并在每个村扶持几个骨干发展下线。在刚开始几个月，会按照约定的收益率给农民返现，并大肆宣传，吸引更多的人参加。不少人把一生积蓄全部投入进去，换来的却是平台倒闭、本金损失的结局，有的家庭甚至为此一夜倾家荡产。

此类骗局迷惑性极强，一旦被洗脑，很难劝阻。因此，凡是要求入会交会费的，或是以投资名义代为管理、操作资金的都要加强警惕，遇到自己把握不准的问题应到村委会咨询或向子女询问，若发现有不法组织的，也要及时报警。

（2）保健养生骗局。随着生活水平的提高，农村人的保健意识也逐步提升，很多老人年纪大了，身体确实有着各种毛病，因为没有太强的辨别能力，加上推销员的花言巧语，很可能就会中圈套。很多人看到有医生上门服务，就都去诊断。这些"医生"装模作样诊断完毕并询问完病史后，便会推荐起所谓的高科技治疗设备。磁疗仪、红外线治疗机、纳米腰带等都是他们的道具，他们还会给村民免费试用。有些老人在心理暗示之下，觉得自己的症状真的减轻了一些，便会主动掏钱购买。

其实这些所谓的高科技设备成本很低，购买后，消费者就找不到那些"医生"了，因为他们都是"打一枪换一个地方"的流动团伙。

（3）做法事消灾骗局。骗子到某个村庄，一般会先以邻村人的身份与村民拉家常，打听一些村民的情况。然后换装，以道士、和尚等身份出现在他们已经打听完详细情况的村民家中，告诉这个村民他们家可能会有血光之灾。如果村民不相信，他们便会说出一些这个村民家的往事（其实是已经事先打听好的）。并一再强调，他们只是路过，会免费帮忙做一场法事，算是行善积德。这时，村民往往会很感激，同意做法事。骗子让村民买香烛纸炮，并要求拿出家里的现金、金银首饰等，放在他们准备的神坛中做法，待装模作样做完法以后告知村民，要每天坚持吃斋念佛，七七四十九天以后才能打开神坛。等村民49天以后打开神坛时，才发现里面早已空空如也。其实，骗子早已换走了装有钱财的那个神坛，而其也不知所踪了。

这类骗局很多地方在逐渐变少，但也有不少地方尤其是偏僻地区，个别迷信的人上当概率还是很高的。类似的还有街头算命、风水先生等，大家千万要提高警惕，相信科学。有病及时就医，有问题及时找村镇单位或警察帮忙，保护自身及周边人的生命财产安全。

（4）五天会销骗局。五天会销骗局是当下较为流行的连环骗，它主要是利用人们爱贪小便宜的心理。

第一天，骗子进村，打着给农民送福利、送温暖的旗号，见人就发牙刷、毛巾等小礼品，告诉你，明天几点几点到村里某处集合，还有更好的礼品送给大家，如果能带其他人来，额外送一个礼品。很多人一听有东西送就心动，为了多要一件礼品，还会拉邻居等熟人过来，一个村子很快就传遍了。

第二天，履行承诺，给来的人都送礼品，不过礼品高级一些，比如暖水壶、炒锅之类。并告诉来领奖的人，明天准时来，还有免费东西送给大家。

第三天，此时很多人已经对这些骗子产生了信任，在第三天会拉上更多人早早地过来领奖品。人来之后，骗子不会马上送礼品，而是介绍起一些公司的新产品，比如原价388元的电热毯，现在只需交100元就可以免费领取，领到的人只要明天带着电热毯过来，100元全部返还，礼品还照样归你所有，并辩称这样做的目的是要让更多有诚信的人来体验他们公司的产品。虽然也有很多人质疑，但也有一些人会掏出100元把电热毯拿回家。骗子承诺第四天老时间、老地点继续送礼品。

第四天，不管是之前买了的还是没买的，全都过来看是否会退钱。等人到齐之后，骗子现场给拿着电热毯来的人每人100元，并且让他们把电热毯拿回家用。这样一来，很多昨天没有交钱的人就后悔了，就争着抢着问明天还有没有活动，骗子说明天还有更大的惊喜。

第五天，很多人满怀期待早早来到了老地点，骗子会找一个借口推荐其他新产品。比如说农村地区水质不好，易得病，今天送一款公司研发的高级净水器，原价1988元，现在仅需988元，限量200套，而且第二天988元全部返还。

有了前几天的铺垫，很多农民已经相信这是公司为了推广产品而采取的营销方式，争抢着交钱。大家兴高采烈地把净水器拿回家，等待第二天去领钱。而当第二天大家拿着净水器去老地点的时候，却再也等不到骗子了，因为他们已经跑路了。而所谓的 988 元的净水机等价值数千元的产品，其实成本也就几十块钱，是专门为行骗准备的道具。此类骗局迷惑性极强，骗子前期可能会投入一两千元的礼品成本，但是每到一个村庄，诈骗金额都达数万元。

66. 当消费者与经营者发生消费者权益争议时，有哪些投诉渠道？

根据《中华人民共和国消费者权益保护法》（2013 年修正）第三十九条规定，消费者和经营者发生消费者权益争议的，可以通过下列途径解决：①与经营者协商和解；②请求消费者协会或者依法成立的其他调解组织调解；③向有关行政部门投诉；④根据与经营者达成的仲裁协议提请仲裁机构仲裁；⑤向人民法院提起诉讼。

67. 什么是消费者协会？它具有哪些职责？

中国消费者协会于 1984 年 12 月经国务院批准成立，是对商品和服务进行社会监督的保护消费者合法权益的全国性社会组织。消费者协会和其他消费者组织是依法成立的对商品和服务进行社会监督的保护消费者合法权益的社会组织。中国消费者协会的经费由政府资助和社会赞助。

根据《中华人民共和国消费者权益保护法》（2013 年修正）第三十七条规定，消费者协会履行下列公益性职责：①向消费者提供消费信息和咨询服务，提高消费者维护自身合法权益的能力，引导文明、健康、节约资源和保护环境的消费方式；②参与制定有关消费者权益的法律、法规、规章和强制性标准；③参与有关行政部门对商品和服务的监督、检查；④就有关消费者合法权益的问题，向有关部门反映、查询，提出建议；⑤受理消费者的投诉，并对投诉事项进行调查、调解；⑥投诉事项涉及商品和服务质量问题的，可以委托具备资格的鉴定人鉴定，鉴定人应当告知鉴定意见；⑦就损害消费者合法权益的行为，支持受损害的消费者提起诉讼或者依照本法提起诉讼；⑧对损害消费者合法权益的行为，通过大众传播媒介予以揭露、批评。各级人民政府对消费者协会履行职责应当予以必要的经费等支持。消费者协会应当认真履行保护消费者合法权益的职责，听取消费者的意见和建议，接受社会监督。依法成立的其他消费者组织依照法律、法规及其章程的规定，开展保护消费者合法权益的活动。

68. 消费者如何向消费者协会进行投诉？什么情况下消费者协会不予受理？

消费者协会受理投诉时，实行以地域管辖为主、级别管辖为辅的原则：

（1）对消费者的投诉，由被诉方所在地的县级消费者协会或下属分会处理；被诉方所在地与常住地不一致的，由常住地县级消费者协会或下属分会处理。

（2）案情涉及两个县级的辖区以上，由共同的上一级（市级或省级）消费者协会处理。

（3）案情涉及两个市级协会辖区以上的，由省消费者协会处理；省消费者协会对已受理的投诉可以委托辖区内与案情有关联的任何消费者协会处理。

（4）省消费者协会收到的来信及网上投诉案件可以直接转到当地消费者协会处理，对重大、疑难的投诉案件可以直接受理。

（5）外籍消费者投诉国内经营者的，由被诉方所在地县级消费者协会处理；省内消费者在上海、江苏、香港、澳门地区消费引发的争议，可以向消费者所在地消费者协会投诉。

消费者投诉可以采取电话、信函、面谈、互联网形式进行。但无论采取哪种形式，都要有以下内容：

（1）投诉方及被投诉方的基本情况。投诉方的姓名、地址、邮政编码、联系电话等；被投诉方的名称、地址、邮政编码、联系电话等。消费者委托代理人进行投诉的，应当向消费者协会提交授权委托书。

（2）具体的投诉内容。损害事实发生的过程及与经营者交涉的情况。

（3）具体的证据。消费者有义务提供与投诉有关的证据，证明购买、使用商品或接受服务与受损害存在因果关系。消费者协会一般不留存争议双方提供的原始证据（原件、实物等）。

（4）具体的投诉请求。

（5）投诉的日期。

下列投诉消费者协会不予受理：

（1）没有明确的被投诉方。

（2）经营者之间的争议。

（3）经营者事前已经向消费者真实地说明商品存在瑕疵等情况。

（4）争议各方已经达成和解（调解）协议并履行，且无新理由和相关依据的。

（5）消费者提供不出任何必要证据的。

（6）法院、有关行政部门、仲裁机构已受理、处理的。

（7）法律、法规明确规定应由指定部门处理的。

（8）不属于《中华人民共和国消费者权益保护法》调整范围的其他情况。

消费者协会在接到投诉后的七个工作日内按规定作出是否受理的决定。不予受理的，出具不予受理的函件。投诉案件受理后，一般应在十五个工作日内进行调解。案情复杂、情况特殊的，征得双方同意可延长至三个月。

69. 国家和政府会从哪些方面保障农村消费者的权益？

国家和政府会从立法和行政方面保护消费者的权益。

首先，在立法方面，根据《中华人民共和国消费者权益保护法》（2013 年修正），国家对消费者权益的保护有以下方面：

第三十条　国家制定有关消费者权益的法律、法规、规章和强制性标准，应当听取消费者和消费者协会等组织的意见。

第三十一条　各级人民政府应当加强领导，组织、协调、督促有关行政部门做好保护消费者合法权益的工作，落实保护消费者合法权益的职责。

各级人民政府应当加强监督，预防危害消费者人身、财产安全行为的发生，及时制止危害消费者人身、财产安全的行为。

第三十二条　各级人民政府工商行政管理部门和其他有关行政部门应当依照法律、法规的规定，在各自的职责范围内，采取措施，保护消费者的合法权益。

有关行政部门应当听取消费者和消费者协会等组织对经营者交易行为、商品和服务质量问题的意见，及时调查处理。

第三十三条　有关行政部门在各自的职责范围内，应当定期或者不定期对经营者提供的商品和服务进行抽查检验，并及时向社会公布抽查检验结果。

有关行政部门发现并认定经营者提供的商品或者服务存在缺陷，有危及人身、财产安全危险的，应当立即责令经营者采取停止销售、警示、召回、无害化处理、销毁、停止生产或者服务等措施。

第三十四条 有关国家机关应当依照法律、法规的规定，惩处经营者在提供商品和服务中侵害消费者合法权益的违法犯罪行为。

第三十五条 人民法院应当采取措施，方便消费者提起诉讼。对符合《中华人民共和国民事诉讼法》起诉条件的消费者权益争议，必须受理，及时审理。

其次，在行政保护方面，国家通过行政管理手段保护消费者的合法权益。

一是人民政府对保护消费者合法权益负有的职责：

各级人民政府应当加强领导、组织、协调、督促有关行政部门做好保护消费者合法权益的工作。各级人民政府应当加强监督，预防消费者人身、财产安全行为的发生，及时制止危害消费者人身、财产安全的行为。

二是工商管理部门对保护消费者合法权益负有的职责：

（1）通过加强企业登记管理，为市场和广大的消费者提供日益增多的商品和服务；对企业的经营方向和经营情况进行经常性的监督检查，制止违法经营。

（2）通过加强市场管理，一方面，促进生产，活跃经济，进一步满足消费者需要；另一方面，保护合法经营，查处掺杂掺假、缺斤少两、以次充好等违法行为。

（3）通过加强商标监督管理，打击假冒行为，保护名优商品，促使企业争优质、创品牌，保证商品质量，维护商标信誉，保护消费者的权益。

（4）通过加强广告监督管理，正确发挥广告的积极作用，防止和追究不法分子利用广告欺骗消费者的行为。

（5）加强经济合同的监督管理，加强对个体工商业的管理，加强经济监督检查，坚决打击诈骗活动，维护正常的经济秩序，保障国家和消费者的权益。

三是物价管理机关对保护消费者合法权益负有的职责：

（1）进行价格改革，使市场价格能够基本反映商品的价值和供求关系，利用价格杠杆促进生产发展，活跃商品流通，使维护消费者利益有坚实的物质基础，这是维护消费者利益的根本措施。

（2）加强对物价的管理和控制，促使物价保持基本稳定，安定人民生活，这是维护消费者利益的一个重要方面。

（3）加强对物价的监督和检查，制止乱涨价、乱收费的现象，这是物价管理机关维护消费者利益的重要手段。

四是卫生监督机关对保护消费者合法权益负有的职责：

（1）对食品卫生进行监督：进行食品卫生监测、检查和技术指导；协助培训食品卫生经营人员，监督食品生产经营人员的健康检查；宣传食品卫生、营养知识，进行食品卫生评价，公布食品卫生情况；对食品生产经营企业的新建、扩建、改建工程的选址和设计进行卫生检查；对食物中毒和食物污染事件进行调查，并采取控制措施等。

（2）对药品进行监督管理：监督检查《中华人民共和国药品管理法》的执行情况，对药品的生产、经营和医疗单位的药制工作进行监督管理；审批药品，颁发药品标准；负责药品认证工作，提出淘汰药品品种；取缔假药、劣药，管理麻醉药品、精神药物、毒性药物和放射性药品；对违反《中华人民共和国药品管理法》的行为进行行政处罚。

70. 如何防范因购买即将过期甚至是过期的食品而造成自己的权益受损？

大多农村便利店不向消费者提供购物凭证，也无购物记录。如果消费者不能提供必要证据，这种情况的投诉将不予受理。所以消费者在消费时需要注意查看保质期，擦亮眼睛，跟商家索要发票和收据，还要及时保留证据，以免在维权时拿不出必要证据而导致哑巴吃黄连——有苦说不出。

倘若不小心买到即将过期的食品，暂时无法判断商家存在欺诈。理由：其一，"即将过期"与"已过期"是两个性质不同的概念。对即将到期食品，即使离保质期还有一天，都属于未过保质期的食品，法律没有禁止销售。其二，根据《中华人民共和国消费者权益保护法》相关规定，商家有作"即将到期"的明白提醒的义务，同时《食品市场分类监管制度》亦要求商家对即将到保质期的食品在陈列场所向消费者作出醒目提示。因此，商家应当作提醒义务，暂时无法判断商家存在欺诈。故建议消费者和商家沟通协商，若协商不成功，可向商家平台所在地的工商部门 12315（消费者投诉举报专线电话）寻求帮助。

如果购买到过期商品甚至食用过期商品，《中华人民共和国食品安全法》明确规定，违反本法规定，造成人身、财产或者其他损害的，依法承担赔偿责任。

生产不符合食品安全标准的食品或者销售明知是不符合食品安全标准的食品，消费者除要求赔偿损失外，还可以向生产者或者销售者要求支付价款十倍的赔偿金。

经营过期食品需要承担的法律责任：《中华人民共和国食品安全法》规定，经营超过保质期食品的，由有关主管部门按照各自职责分工，没收违法所得、违法生产经营的食品和用于违法生产经营的工具、设备、原料等物品。违法生产经营的食品货值金额不足一万元的，并处二千元以上五万元以下罚款；货值金额一万元以上的，并处货值金额五倍以上十倍以下罚款；情节严重的，吊销许可证。

而对农村消费者来说，维权成本高、维权收益小甚至没有收益，助长了不法商家的嚣张气焰，因此农村消费者应该勇敢拿起法律武器，去捍卫自己的权益，打击不法分子的嚣张气焰。

71. 类似"一经出售，概不退换"的标语或说辞是否具有法律效力？

根据《中华人民共和国消费者权益保护法》（2013 年修正）第二十六条规定：经营者不得以格式条款、通知、声明、店堂告示等方式，作出排除或者限制消费者权利、减轻或者免除经营者责任、加重消费者责任等对消费者不公平、不合理的规定，不得利用格式条款并借助技术手段强制交易。格式条款、通知、声明、店堂告示等含有前款所列内容的，其内容无效。因此，"一经出售，概不退换""特价商品不退不换"等标语或者说辞等典型的不公平格式条款，即为"霸王条款"。所谓"霸王条款"，主要是指一些经营者单方面制定的逃避法定义务、减免自身责任的不平等的格式合同、通知、声明和店堂公告或者行业惯例等，不具备法律效力。以下举例说明：

在商场购买打折促销服装，回家后又试穿了一下，发现仍然不合身，于是保存好商品，不影响商品的二次销售，于第二天去商场更换，但是商家却以"一经出售，概不退换""特价商品不退不换"等标语或者说辞不予退换。对于消费者提及的回家后发现不太合身需要更换的问题，虽然商家的"一经出售，概不退换""特价商品不退不换"等标语或者说辞不具备法律效力，但因为消费者是通过现场购物的方式进行选购，那么在"特价商品"本身无质量问题、商家未在事前与消费者约定可以更换的情况下，商家可以不进行退换。同时提醒消费者，通过现场购物的方式进行购买商品时，自身也有检视义务。

因此，在上述情况下，建议消费者根据自身实际情况依法维权，尽量避免消费者与商家之间的冲突，与商家进行友好协商解决问题。

第九章

假冒伪劣商品

农村民生利益百问百答

72. 什么是假冒伪劣商品？常见的形式是什么？

假冒伪劣商品是指那些含有一种或多种可以导致普通大众误认的不真实因素的商品。假冒伪劣商品可以分为假冒商品和劣质商品两种类型。假冒伪劣商品是假冒伪劣的物质产品，不包括精神产品。其特征是：具有不真实性因素和社会危害性。

（1）假冒商品是指商品在制造时，逼真地模仿其他同类产品的外部特征，或未经授权，对已受知识产权保护的产品进行复制和销售，借以冒充别人的产品。在当前市场上主要表现为冒用、伪造他人商标、标志，冒用他人特有的名称、包装、装潢、厂名厂址，冒用优质产品质量认证标志和生产许可证标识的产品。

（2）伪劣商品是指生产、经销的商品，违反了我国现行法律、行政法规的规定，其质量、性能指标达不到我国已颁布的国家标准、行业标准及地方标准所规定的要求，甚至是无标生产的产品。

它们通常具有以下形式：①假冒他人注册商标的商品；②假冒他人商品的产地、企业名称或代号的商品；③虚构企业名称的商品；④过期、失效、变质的商品；⑤危及人身和财产安全的商品；⑥名称与质地不符、所标明的指标与实际不符或者主要指标不符合国家标准的商品；⑦冒用优质或认证标志，冒用许可证标志的商品；⑧掺杂使假、偷工减料的商品；⑨以次充好、以假充真、以旧充新的商品；⑩法律法规明令禁止生产、销售的商品；⑪无标准、无检验合格证的商品；⑫实施生产许可证管理而未标明许可证标志和编号的商品；⑬未按有关规定标明规格、等级、主要技术指标或成分含量的商品；⑭处理商品（含次品、副品、等外品）而未在商品或其包装的显著部位标明"处理品"（或"次品""副品""等外品"）字样的商品；⑮生产、经销剧毒、易燃、易爆等危险品而未标明有关标识或未按规定提供使用说明的商品；⑯限期使用的商品而未标明或未如实标明生产日期和失效时间的；⑰未按规定标明产地、企业名称、企业地址和其他项目的商品。

73. 目前农村假冒伪劣商品的现状如何？

目前中国农村假冒伪劣商品有这样一个突出的现象：随着城市消费监管力度的加大和市民维权意识的增强，很多在城市市场无法立足的假冒伪劣商品，为逃避监管，逐步迈向农村消费市场，农民也就成了假冒伪劣商品的受害者。

这种现象具有以下几种危害：

（1）危害农村消费者的健康，损害财产安全。劣质酒含有超标的甲醇，会导致消费者中毒；农村也遍布着各种"五毛食品"①，严重危害农村儿童、青少年的身体健康，还影响他们的智力发育；在春节、中秋节期间，大量的假冒伪劣的烟花爆竹销往农村，这会增大农村的消防隐患。

（2）给农业生产造成破坏。农村生产关系到所有老百姓的菜篮子和米袋子，但一些无良商家明目张胆地制造生产不合格化肥，导致各种问题：种子不发芽、烧苗、杀虫剂不杀虫、农作物带有大量化学残渣、产量大量减少。长此以往，不法分子的嚣张气焰越燃越旺，最终使得农业生产关系遭到破坏。

（3）给名优企业造成极大的危害，使名优企业的名誉受损。畅销的名优产品要严防被假冒侵权。市场上被假冒的产品都是一些质地优良、深受消费者喜欢，在国内外市场上都有较好信誉的品牌产品。

74. 作为消费者，我们应该如何鉴别假冒伪劣商品？

（1）认准商标标识。商标是商品的标记。假冒伪劣商品一

---

① 五毛食品，是指单价为"五毛"左右的调味面制品（辣条）、豆制品、肉制品、水产制品、膨化食品、糖果、饮料等小食品，因其价格低廉，口感辛辣刺激，色泽艳丽，受到儿童、青少年青睐，但其可能存在高油、高糖、高盐或甜味剂、防腐剂超标的问题，不利于身体健康。

般都是假冒名优商品。我国名优商品都使用经国家登记注册的商标。要印刷时，会在商标标识周围加上标记："注册商标""注""®"。其中"®"为国际通用。假冒名优商品在外包装上多数没有商标标识，或"注册商标""注"或"®"等字样。真品商标为正规厂家印制，商标纸质好，印刷美观，考究精细，文字图案清晰，色泽鲜艳、纯正、光亮，烫金精细。而假冒商标是仿印真品商标，由于机器设备、印刷技术差，与真品商标相比，往往纸质较差，印刷粗糙，线条、花纹、笔画模糊，套色不正，光泽差，色调不分明，图案、造型不协调，版面不洁，无防伪标记。

假冒商标一般出自不正当渠道，这些渠道不正规的印刷技术会使所印商标上出现许多疵点特征。可以通过检验商标上是否有这些疵点特征来辨明真伪。

假冒商标的印刷疵点特征包括以下四个方面：①墨稿疵点特征：字体不正、笔画偏粗、间隔不均，字迹不清晰，线条不流畅，图案细节被省略，或很粗糙，花纹粗细不一，该圆滑处不圆滑，边线棱角不明显。②制版疵点特征：印刷板周边有缺损，不光滑，版与版之间有差异，字迹变粗，笔画连接不清晰，粗细不均。③印刷疵点特征：多色图案花纹衔接不好，版面拼接处不连贯或重叠部分过多、过少，商标边缘颜色有外溢，该印的地方没有印到。④模切疵点特征：切边外有未切断的纤维，切边与商标边缘没有共同的起伏，切边处有缺损，不圆滑。

（2）查看商品标识。根据《中华人民共和国产品质量法》（2018 年）第二十七条规定，产品或者其包装上的标识必须真实，并符合下列要求：①有产品质量检验合格证明。②有中文标明的产品名称、生产厂厂名和厂址。③根据产品的特点和使用要求，需要标明产品规格、等级、所含主要成分的名称和含量的，用中文相应予以标明；需要事先让消费者知晓的，应当在外包装上标明，或者预先向消费者提供有关资料。④限期使用的产品，应当在显著位置清晰地标明生产日期和安全使用期或者失效日期。⑤使用不当，容易造成产品本身损坏或者可能危及人身、财产安全的产品，应有警示标志或者中文警示说明。

假冒伪劣商品的标识一般不是正规企业生产，其外包装标识或残缺不全，或乱用乱写，或假冒优质奖标记，欺骗消费者。

（3）检验商品特有标记。部分名优商品在其特定部位还有特殊标记，如飞鸽、凤凰、永久三大国产名牌自行车，在车把、车铃、车座、车架、车圈等处均有特殊标记。

部分名优烟、酒包装上的商品名称系用凹版印刷，用手触摸有凹凸感，而假冒商品名称在包装上字体较平，无凸凹感。

（4）检查商品生产厂名。一些传统名优商品，以地名命名商品名称的，往往同一种商品生产厂家很多但正宗传统名优商品只有一家，因而要认准厂名。如正宗名优"德州扒鸡"，厂家是中国德州扒鸡总公司，注册商标是德州牌；正宗名优"金华火腿"，上有"浙江省食品公司制"和"金华火腿"，而虽有"金华火腿"印章，但生产厂家并非"浙江省食品公司"的，多为冒牌货。

（5）检查商品包装。名优商品包装用料质量好，装潢印刷规范，有固定颜色和图案，套印准确，图案清晰，形象逼真。而假冒伪劣商品一般包装粗糙，图案模糊，色彩陈旧，包装用料材质差。用真假商品对比，可以辨认。

大多数名优商品包装封口，均采用先进机械封口，平整光洁，内容物不泄漏。而假冒伪劣商品无论是套购的真品包装，还是伪造、回收的包装，封口多手工操作，不平整，常有折皱或裂口，仔细检查封口处，大都能发现破绽。如假冒名酒，将酒瓶倒置，往往会有酒液流出，用鼻嗅闻，能觉察到酒味。

对包装封口有明显拆封痕迹的商品要特别注意，很可能是"偷梁换柱"。

使用回收真酒瓶装假酒，酒瓶常有污垢，封口不圆整，在同一包装箱内的酒出厂日期、生产批号不一。

许多名优产品包装上有中国物品编码中心统一编制的条形码，经激光扫描器扫描，电脑可以识别。冒牌货往往无此标志，或胡乱用粗细不等的黑色直线条纹以及数字欺骗消费者，用激光扫描器扫描，没有正常反应，电脑不能识别。

（6）检查液体商品的透明度。除黄酒和药酒允许有正常的瓶底聚集物外，其他酒在常温下均为清亮透明，无悬浮物、无沉淀。用肉眼观察兑水的白酒，酒液浑浊不透明；兑水的啤酒，颜色暗淡不清亮透明。乳剂农药在正常情况下不分层、不沉淀。

（7）看商品的色泽。对农作物的种子和谷物，可看颜色是否新鲜而有光泽，籽粒大小是否均匀。卷烟烟丝应色泽油润而有光泽，受潮的烟丝则失去光泽、发暗。优质禽畜生肉，肌肉颜色鲜艳、有光泽，脂肪为白色；劣质肉品则颜色灰暗、无光泽，脂肪发灰、褐色。

（8）看商品的烧灼情况。粉剂农药取 10 克点燃后，如冒白烟，说明有效；若极易燃烧，且冒浓黑烟，说明是假农药。

香烟烟支点燃后，能自燃 40 毫米以上者为正常，否则是受潮，或烟丝质量差。

（9）看商品的发霉、潮湿、杂质、结晶、形状、结构情况。药品和食品有发霉情况的应禁止销售和使用。粉状商品（如面粉、药粉、水泥等）出现团块的，表明受潮失效或变质。

（10）手感。手握饱满干燥的谷物及农作物的种子，应感到光滑顶手，插入种子堆（包）时阻力小，感觉发凉；如手握感到松软，插入时阻力大的，则籽粒不饱满，含水量大。检查香烟时，可用手捏，名牌条装烟从外面轻捏会感觉很硬；而冒牌条装烟里面往往是软纸包装的杂牌次烟，轻捏就觉得纸软。检查烟支时可用手捏，感到烟丝有弹性的为正常；手感疲软、容易弯曲的是受潮了，发脆的则是干燥。

（11）听感。罐头有"漏听"或"胖听"的不能食用。"胖听"罐头盖部凸起，用手叩击能听到空虚鼓音。手搓香烟烟支，能听到轻微沙沙声是正常的表现；如果柔而无声则表明香烟已受潮，沙沙作响的是过于干燥了。

（12）嗅感。凡食品、药品鼻嗅有霉味、酸败味、异味的，马口铁罐头有金属味的，均不能再食用或服用。

（13）味感。名牌香烟吸入后气味醇正，口感舒适；劣质香烟有苦、辣、霉味、土腥味、杂气重。名酒香气突出，醇厚丰满，回味悠长，大多能空杯留香。兑水的白酒品尝时口感香味寡淡，尾味苦涩。兑水的啤酒品尝时口感香味、滋味淡薄，感觉不到酒花香气，味道欠纯正。

（14）检查商品供货渠道。国家规定部分商品只能由特定部门经销。如国务院规定：各级农用物资（简称"农资"）公司是化肥流通主渠道，"三站"（农业植保站、土肥站、农技推广站）和化肥生产企业自销为化肥流通辅助渠道，其他任何单位和个人一律不得经营化肥。

经销农作物种子要有"三证一照"（"三证"指检验种子质量的检验合格证、种子经营许可证和调入种子检疫证；"一照"指经销单位的营业执照）。

经销食盐、香烟要有专卖许可证。

（15）检查商品认证标志。假冒进口彩电后盖上的商检安全标志从颜色、字体上看可以假乱真，但尺寸略小，而且没有防伪暗记。真成标志 A 型尺寸为 3.5cm×5cm，用于皮鞋及小皮件；B 型尺寸为 7cm×5cm，用于皮衣及大皮件（具），而且在标版正面、反面共有六项保密措施，从而为识别真伪提供了有力的技术依据。

75. 应该怎样辨别假化肥、假农药?

假化肥、假农药直接影响到农民的收成，为了减少农民权益的损失，增强其识别能力，首先，我们可以根据以下几点来辨别假化肥：

（1）看名称及商标。应标明国家标准、行业标准规定的肥料名称，如掺混肥料、含腐殖酸水溶肥料等。标准对产品名称没有规定的，应使用不会引起用户误解和混淆的常用名称，不

允许添加带有不实、夸大性的词语，如"高效×××""××
×肥王""全元素×××肥料"等。

（2）看养分含量。应以单一数值标明养分含量。对于单一
肥料，应标明单一养分的百分含量，防止跨等级标明。如尿素
总氮指标是 46.0%，一等品为 46.2%，有些产品标总氮为
46.0%～46.4%，跨越了三个质量等级，这种标注方法实为误
导用户的手段，应坚决制止。

对于复混肥料，应标明氮、五氧化二磷、氧化钾总养分的
百分含量，并以配合式分别标明氮、五氧化二磷、氧化钾的百
分含量。如含氮、五氧化二磷、氧化钾分别为 15% 的氮磷钾复
混肥料，其配合式为氮磷钾 15－15－15。

二元肥料应在不含单养分的位置标以"0"，如氮钾复混肥
料 15－0－10。总养分标明值应不低于配合式中单养分标明值
之和，不得将其他元素或化合物计入总养分。

对于中量元素肥料，如钙、镁、硫肥等，中量元素含量指
钙含量或镁含量或钙镁含量之和，硫含量不计入中量元素含量，
仅在标识中标注。对于微量元素肥料，应分别标出各种微量元
素的单含量及微量元素养分含量之和。

（3）看登记证编号。对国家实施肥料登记证管理的产品，
应标明生产肥料登记许可证的编号。肥料登记分国家登记和省
登记。如农肥（2013）准字 2781 号、鲁农肥（2012）准字
3010 号。

（4）看生产商或经销商的名称、地址。应标明经依法登记
注册并能承担产品质量责任的生产商或经销商的名称、地址。
将来一旦出现纠纷，可以联系厂家协商解决。

（5）看生产日期或批号。应在产品合格证、质量证明书或产品外包装上标明肥料产品的生产日期或批号。如果产品需限期使用，则应标注保质期或失效日期，特别是微生物肥料。如果产品的保质期与贮藏条件有关，则必须标明产品的贮藏方法。

（6）看肥料标准。应标明肥料产品执行的标准标号。国家制定了各种肥料标准，如 GB15063 – 2009 复混肥料（复合肥料）、NY525 – 2012 有机肥料。

（7）看警示说明。产品运输、贮存、使用过程中的不当行为，易造成财产损坏或危害人体健康和安全的，应有警示说明。

（8）看产品适用作物、适用区域、使用方法和注意事项。根据规范化的标识内容和要求，便可对肥料产品进行初步判定。如果肥料包装标识与规范化标识不符，可以判定该肥料包装不符合国家标准要求，且大多为伪劣肥料。

其次，我们可以根据以下几点来辨别假农药：

（1）不图便宜和省事。买农药应到正规单位或直接到工厂购买。

（2）注意标签内容。每一个农药小包装上必须有完整的标签，应包括农药名称、"三证号"（农药登记证号、生产许可证号、产品标准编号）、使用说明、注意事项、质量保证期、有效成分、剂型、农药类别、毒性标志、使用范围、生产厂家及通信地址等内容。

（3）认准农药名称。正确的农药名称通常由三部分组成：含量、有效成分和剂型。所谓"虫死光""灭虫神"等夸大宣传的农药产品名称是不可信的。

（4）仔细观察外观。如乳油应为均相液体，无可见的悬浮物和沉淀；淀粉和可湿性粉剂应为疏松的粉末，无团块；悬浮剂应为可流动的悬浮液，不结块等。

76. "五毛食品"有哪些危害？

近年来，农村食品安全问题屡屡被曝光，尤其是包围校园的"五毛食品"，破损溢油的小包辣条、"傍名牌"的山寨食品甚至过期食品堂而皇之地涌进农村小卖部。农村校园正在成为"五毛食品"的消费市场，其中的安全隐患令人担忧。2018年4月14日，国家市场监督管理总局发布了《关于开展校园及周边"五毛食品"整治工作的通知》，决定自即日起开展"五毛食品"整治工作。

"五毛食品"究竟是何物？"五毛食品"即单价为五毛钱左右的调味面制品（辣条）、豆制品、肉制品、水产制品、膨化食品、糖果、饮料等小食品，因其价格低廉，口感辛辣刺激，色泽艳丽，受到儿童、青少年青睐，但其可能存在高油、高糖、高盐或甜味剂、防腐剂超标的问题，不利于身体健康。

在实践中，"五毛食品"的生产经营具有以下特点：

（1）食品的危害性。"五毛食品"容易出现不符合食品安全国家标准的情形，尤其是涉及食品内在品质的违法行为，对少年儿童身体健康危害较大。

（2）经营者小型化。"五毛食品"的经营者多为校园周边的小商店、小食杂店、流动摊贩等小微食品经营者，由于经营条件限制和成本考虑，容易出现食品安全违法行为。

（3）消费者特殊性。"五毛食品"的销售对象主要是在学校学习的少年儿童，他们尚未成年，缺乏食品安全的辨识能力，极易为"五毛食品"所吸引，因而所受损害的风险较高。

城镇的孩子几乎不吃"五毛食品"，一是附近大超市没有卖，二是家长都在严格控制孩子吃零食的量，三是学校的饮食行为教育。"五毛食品"年年喊打，年年打不绝的背后，是各方的"不作为"。农村食品安全教育需要家庭、学校和社会形成合力，共同保卫孩子"舌尖上的安全"。

77. 经营者销售"五毛食品"会受到哪些处罚？

"五毛食品"的法律适用问题主要划分为一般性违法情形、重点违法情形和涉嫌犯罪情形。当发现经营者有以下行为时，农村消费者应该积极举报。现具体详述如下：

第一，一般性违法情形。

（1）进货查验违法的情形。对于食品经营者未尽进货查验义务的行为，违反《中华人民共和国食品安全法》第五十三条第一款、第二款的规定，应当按照《中华人民共和国食品安全法》第一百二十六条第一款第（三）项的规定进行处罚，责令改正，给予警告；拒不改正的，处五千元以上五万元以下罚款；情节严重的，责令停产停业，直至吊销许可证。

（2）食品标签违法的情形。对于"五毛食品"无标签的，违反《中华人民共和国食品安全法》第三十四条第（十一）项之规定，按照《中华人民共和国食品安全法》第一百二十五条第一款第（二）项进行处罚。对于"五毛食品"未标注生产企业、联系方式、配料表等信息的行为，属于食品标签不符合规定的情形，违反《中华人民共和国食品安全法》第六十七条之规定，按照《中华人民共和国食品安全法》第一百二十五条第一款第（二）项进行处罚，没收违法所得和违法生产经营的食品、食品添加剂，并可以没收用于违法生产经营的工具、设备、原料等物品；违法生产经营的食品、食品添加剂货值金额不足一万元的，并处五千元以上五万元以下罚款；货值金额一万元以上的，并处货值金额五倍以上十倍以下罚款；情节严重的，责令停产停业，直至吊销许可证。

第二，重点违法情形。

（1）无证生产食品的情形。对于无证生产"五毛食品"的"黑窝点""黑作坊"，违反《中华人民共和国食品安全法》第三十九条第一款、《食品生产许可管理办法》第二条第一款之规定，依照《中华人民共和国食品安全法》第一百二十二条第一款、《食品生产许可管理办法》第五十条的规定进行处罚。对于明知未取得许可仍为其提供生产经营场所或其他条件的，违反《中华人民共和国食品安全法》第一百二十二条第二款的规定，依照《中华人民共和国食品安全法》第一百二十二条第二款进行处罚。

（2）滥用食品添加剂的情形。对于"五毛食品"超范围、超限量使用食品添加剂的行为，违反《中华人民共和国食品安全法》第三十四条第（四）项的规定，依照《中华人民共和国食品安全法》第一百二十四条第一款第（三）项的规定进行处罚，没收违法所得和违法生产经营的食品、食品添加剂，并可以没收用于违法生产经营的工具、设备、原料等物品；违法生产经营的食品、食品添加剂货值金额不足一万元的，并处五万元以上十万元以下罚款；货值金额一万元以上的，并处货值金额十倍以上二十倍以下罚款；情节严重的，吊销许可证。

（3）使用非食用物质的情形。对于"五毛食品"添加非食用物质的行为，违反《中华人民共和国食品安全法》第三十四条第一款的规定，依照《中华人民共和国食品安全法》第一百二十三条第一款第（一）项的规定进行处罚，没收违法所得和违法生产经营的食品，并可以没收用于违法生产经营的工具、设备、原料等物品；违法生产经营的食品货值金额不足一万元的，并处十万元以上十五万元以下罚款；货值金额一万元以上的，并处货值金额十五倍以上三十倍以下罚款；情节严重的，吊销许可证，并可以由公安机关对其直接负责的主管人员和其他直接责任人员处五日以上十五日以下拘留。

第三，涉嫌犯罪情形。

根据《中华人民共和国刑法》《最高人民检察院 公安部关于公安机关管辖的刑事案件立案追诉标准的规定（一）》（以下简称《立案追诉标准（一）》）、《最高人民检察院 公安部关于公安机关管辖的刑事案件立案追诉标准的规定（一）的补充规定》（以下简称《补充规定》）、《最高人民法院、最高人民检察院关于办理危害食品安全刑事案件适用法律若干问题的解释》（以下简称《解释》）的有关规定，"五毛食品"涉嫌构成犯罪的罪名主要有：生产、销售有毒、有害食品罪，生产、销售不符合食品安全标准的食品罪，生产、销售伪劣产品罪。具体如下：

（1）生产、销售有毒、有害食品罪。在生产、销售的食品中掺入有毒、有害的非食品原料的，或者销售明知掺有有毒、有害的非食品原料的食品的，应予立案追诉。此时应根据《中华人民共和国刑法》第一百四十四条、《立案追诉标准（一）》第二十条、《补充规定》第四项、《解释》第九条的规定及时移送公安机关追究刑事责任。此外，下列物质应认定为"有毒、有害的非食品原料"：①法律、法规禁止在食品生产经营活动中添加、使用的物质；②国务院有关部门公布的《食品中可能违法添加的非食用物质名单》《保健食品中可能非法添加的物质名单》中所列物质；③国务院有关部门公告禁止使用的农药、兽药以及其他有毒、有害物质；④其他危害人体健康的物质。

（2）生产、销售不符合安全标准的食品罪。生产、销售不符合食品安全标准的食品，足以造成严重食物中毒事故或者其他严重食源性疾病的，构成生产、销售不符合安全标准的食品罪。立案追诉的情形有：①食品含有严重超出标准限量的致病性微生物、农药残留、兽药残留、重金属、污染物质以及其他危害人体健康的物质的；②属于病死、死因不明或者检验检疫不合格的畜、禽、兽、水产动物及其肉类、肉类制品的；③属于国家为防控疾病等特殊需要明令禁止生产、销售的食品的；

④婴幼儿食品中生长发育所需营养成分严重不符合食品安全标准的；⑤其他足以造成严重食物中毒事故或者严重食源性疾病的情形。此时应根据《中华人民共和国刑法》第一百四十三条、《立案追诉标准（一）》第十九条、《补充规定》第三项、《解释》第一条和第八条及时移送公安机关追究刑事责任。

（3）生产、销售伪劣产品罪。生产、销售有毒有害食品或不符合食品安全标准的食品，不构成上述犯罪，但是销售金额在五万元以上的，依照生产、销售伪劣产品罪定罪处罚。立案追诉的情形有：①伪劣产品销售金额五万元以上的；②伪劣产品尚未销售，货值金额十五万元以上的；③伪劣产品销售金额不满五万元，但将已销售金额乘以三倍后，与尚未销售的伪劣产品货值金额合计十五万元以上的。此时应根据《中华人民共和国刑法》第一百四十九条、《立案追诉标准（一）》第十六条、《解释》第十三条第二款的规定及时移送公安机关追究刑事责任。

78. 在农村实体商店购买到假冒伪劣商品时，我们应该如何维护自己的权益？

由于大多农村实体商店不向消费者提供购物凭证，也无购物记录，如果购物时发生侵权事件，买到假冒伪劣商品，且消费者不能提供必要证据，此时维权起来相当困难。所以消费者在消费时需要注意查看保质期，擦亮眼睛，还要及时保留证据，消费时跟商家索要发票和收据，以免在维权时拿不出必要证据而导致哑巴吃黄连——有苦说不出。如果我们留有相关购货凭证，则可以按照下列步骤进行维权：

我们应该携带假冒商品及有关购物凭证到国家市场监督管理部门反映，请他们调查处理，帮助你追回损失的货款。如果是怀疑自己购买了假冒商品，那就要先请国家市场监督管理部门的有关专家或真品生产厂家帮助鉴别，确定是假冒商品后再作处理。如果当地已成立了消费者协会，消费者也可直接向消费者协会反映，请他们帮助鉴定、调查，使制售假冒商品的行为及时得到制止。总之，消费者如果发觉自己购买了假冒商品，一定不要自认倒霉，而要及时向有关部门举报，这样就可以使假冒商品没有立足之地，既维护了广大农村消费者的利益，也维护了社会正常的经济秩序。

如果消费者觉得自己受到的损害重大，也可以直接向人民法院起诉，通过法律程序解决问题。根据《中华人民共和国消费者权益保护法》《中华人民共和国产品质量法》《中华人民共和国食品安全法》以及《中华人民共和国刑法》对经营者的实际情况追究其责任。

79. 当我们在电子商务平台购买到假冒伪劣商品时，我们应该怎样维护自己的权益？

（1）如果我们在签收的时候就看出来是假货，正确的做法为直接退货。而收到货后如发现是假货，先跟卖家协商退款。

（2）如果卖家不同意退款，我们就要尽可能地收集有关假货的证据，应收集和保存在网购过程中的证据，包括宣传网页截图、聊天记录、付款记录、商家信息、订货单、发货凭证、发票等，为后期维权提供保障。一旦与商家发生纠纷，要积极维护自身权益。建议先通过客服平台发起维权投诉，提请平台客服介入调解、维权。而证据足够且有说服力的话，平台是会准许退款的，此时我们按照地址把货物发回去。如果卖家有假一赔三的服务，我们还可以要求卖家进行三倍赔偿。

同时，我们还应该在电商交易平台上举报卖家的假货商品，也可以通过向国家市场监督管理部门申诉举报、向消费者委员会组织投诉等方式维权。如果广大消费者网购遇到这些假冒伪劣商品，向该网购平台举报商家，并且向有关部门反映情况，便可以使得更少的消费者上当受骗，共同营造出良好的消费环境。

（3）如果在网上买到假货，卖家应承担惩罚性赔偿责任。相关案例如下：

2015 年 12 月 29 日，原告刘某在被告经营的某网络购物平台购买三台某型号电焊机，共计 3624 元，被告在其宣传页面中宣传"全网最全的最专业的焊机品牌""全网唯一厂家直销直营""网络销售冠军品牌""焊接设备网络销售领导品牌、第一品牌"。原告在使用过程中三台电焊机中有一台损坏，于 2016 年 1 月 10 日向质量技术监督部门投诉，质量技术监督部门对被告产品进行抽检，其行政处罚认定书显示被告在 2015 年 8 月 25 日至 2016 年 1 月 18 日期间没有有效的产品认证书；百度搜索"十大品牌网"，在电焊机栏中没有被告的产品。法院经审理认为，本案产品为强制认证产品，质量技术监督部门的行政处罚决定，认定被告在原告购买商品的期间内没有有效的产品认证证书；且被告在宣传页面中夸大宣传使原告选择了被告的商品，被告的行为系告知对方虚假情况或故意隐瞒真实情况，诱使原告作出错误的意思表示，构成欺诈。故判决解除合同及被告支付原告三倍价款的惩罚性赔偿金。

在本案中，被告所虚构的"网络销售领导品牌、第一品牌""全网最全的最专业的焊机品牌"，以及其隐瞒没有强制认证证书的情况对消费者的影响巨大，足以误导消费者作出错误判断，从而作出错误的意思表示，其行为构成欺诈，卖家应承担惩罚性赔偿责任。

在农村，消费者留存购物凭证的意识往往比较低，而防人之心不可无，我们需要在购物过程中留存相关证明，当被侵权时可凭相关证明进行维权。

维权中最方便的渠道，是直接与店铺和第三方平台协商。店铺的销售承诺都是具有法律效益的，需要自行遵守。如果协商不成，建议消费者在有聊天记录和发票等证据的情况下，去法院起诉。并且第三方平台应该对店铺进行严格的管理。如果出现了假货，第三方平台应该首先要求店铺对消费者进行损害性赔偿；同时，为防止有质量问题的商品再次进入市场，平台应该完善相关机制，对于有质量问题的商品，在退货后应该进行销毁，也可以引入行政力量，由政府部门去查处，对假冒伪劣商品进行销毁、查封，吊销店铺的营业执照。

80. 对于假冒伪劣商品泛滥农村的现象，今后国家会如何监督市场，为农村消费者营造安全放心的消费环境？

为深入贯彻落实党的十九大和中央经济工作会议精神，增强消费对经济发展的基础性作用，推动消费升级，实施乡村振兴战略，促进城乡区域协调发展，满足人民日益增长的美好生活需要，各地大力开展形式多样的放心消费创建活动，着力优化消费环境，为保护消费者合法权益，促进经济社会发展，维护社会和谐稳定发挥了积极作用。一方面，国家会针对市场竞争中的突出问题，强化反垄断和反不正当竞争执法力度，严厉打击侵犯知识产权和制售假冒伪劣商品等违法行为，净化市场环境；另一方面，国家会加强农村市场监管，按照全面建成小康社会的目标要求，坚持普惠性、均等化发展方向，把加强农村、农民的消费维权作为重要任务，提高城乡消费维权的均等化水平。

第一，打击制售假冒伪劣商品违法行为。

（1）加强反垄断和反不正当竞争执法。加大反垄断法、反不正当竞争法、价格法等执法力度，严肃查处达成实施垄断协议、滥用市场支配地位的行为。依法制止滥用行政权力排除、限制竞争的行为，依法做好经营者集中反垄断审查工作，保障市场公平竞争，维护消费者权益。针对经济发展中的突出问题，把公用企业、依法实行专营专卖的行业作为监管重点，加强对供水、供电、供气、烟草、邮政等行业的监管，严厉打击滥收费用、强迫交易、搭售商品、附加不合理交易条件等限制竞争和垄断行为。促进医疗、养老、教育等民生领域公平竞争，健康发展。针对经济发展的新趋势，加强网络市场、分享经济以及高技术领域市场监管，制止滥用知识产权排除和限制竞争、阻碍创新的行为。加强对与百姓生活密切相关的商品和服务价格垄断、价格欺诈行为的监管，全面放开竞争性领域商品和服务价格。严厉打击仿冒、虚假宣传、价格欺诈、商业贿赂、违法有奖销售、侵犯商业秘密、经营无合法来源进口货物等不正当竞争行为。对公用事业和公共基础设施领域，要引入竞争机制，放开自然垄断行业竞争性业务。

（2）打击制售假冒伪劣商品违法行为。围绕保障和改善民生，加大对与百姓生活密切相关、涉及人身财产安全的日常消费品的打假力度，严惩不符合强制性标准、掺杂掺假、以假充真、以次充好、以不合格产品冒充合格产品等违法行为。强化对利用互联网销售假冒伪劣商品和传播制假售假违法信息的监管。加大对城乡接合部、农村假冒伪劣的打击力度，加强对食品药品、农用物资、家用电器、儿童用品等商品市场的整治，对列入强制性产品认证目录的产品未经认证擅自出厂、销售、进口或者在其他经营活动中使用的行为，加强执法查处。强化假冒伪劣源头治理，建立商品生产、流通、销售全链条监管机制，完善重点产品追溯制度，构建清晰可追溯的责任体系。探索惩罚性巨额赔偿制度，严厉查处制售假冒伪劣商品违法行为，增强打击侵权假冒违法行为的震慑力。明确地方政府对本地打击假冒伪劣工作的领导责任，严格责任追究和奖惩约束。

第二，加强农村市场监管。

（1）加强农村消费市场监管。开展农村日常消费品质量安全检查，防止把农村作为假冒伪劣商品的倾销地。围绕重要节庆时点和春耕、夏种等重要时段，突出城乡接合部、偏远乡镇等重点区域，对农副产品市场、农业生产资料市场等商品交易市场开展综合治理，推动诚信示范市场建设，维护农村市场秩序。以日常大宗生活消费品为重点，针对假冒伪劣和侵权易发多发的商品，从生产源头、流通渠道和消费终端进行全方位整治。结合农村电商发展，在消费网点设立消费投诉点，方便农民就近投诉维权。

（2）保障农业生产安全。围绕重点品种和相应农时，以"打假、护农、增收"为目标，加强对农机、农药、肥料、农膜、种子、兽药、饲料等涉农商品的质量监管，开展农资产品抽检，严厉打击假劣农资坑农害农行为，切实保护农民权益。深入开展"合同帮农""红盾护农"等专项执法，指导农资经营者完善进货查验、票据管理等制度，推动农资商品质量可追溯，建立维护农村市场秩序的长效机制。

81. 政府与农村消费者、经营者可以通过哪些途径共同协调打击这些假冒伪劣商品？

假冒伪劣商品的出现不仅严重损害了农村消费者的权益，而且也对农村的经济环境和发展构成了特别大的伤害。因此，无论是政府、企业还是农村消费者，都要积极行动起来，沉重打击这些假冒伪劣商品。

（1）政府可以加强农村消费者的教育。①定期开展消费教育活动，使其对商品和服务具有一定的识别能力。②引导农村消费者树立正确的消费观，比如可以通过有奖问答知识提问，吸引农村消费者学习消费知识。③帮助农村消费者掌握生产消费所必须知道的常识。④提升农民的维权意识是有效约束非法分子的方式，因而政府应当组织和倡导维权行为，大范围宣传维权标准、方式、流程和补偿方案，做好农村教育和普及工作，使得农民能够在受到侵犯时敢于通过法律维护自身合法权利，从而自觉、自发辨别和抵制假冒伪劣商品。⑤让消费者了解假冒伪劣商品给生产生活所带来的危害。

（2）在加强农村消费者教育的同时完善农村商贸体系。①建立健全农村市场长效的有效机制，实施农村市场监管机制。当发现违法行为存在，将它们扼杀于摇篮之中，防止假冒伪劣产品危害人民群众的身体健康和财产安全。②积极推进农村商品示范店的建设，合理布局农村的超市，努力打通商品从厂家到农村商家的关节，让农民在购买商品时有更大的选择余地；加强培训农村商品经营业主，增强他们辨别商品真伪的能力，对农村市场经营主体准入严格把关；建立和落实进货验收制度，严把关商品的进货、初核，确保合格产品走进农村市场。③进一步加强农资市场监管，规范农资经营行为，突出打击销售假冒伪劣肥料、农机具、农膜等违法经营行为，切实解决农牧民生产后顾之忧。强化违法广告的查处，展开直接关系到人民群众健康安全的医疗药品、保健食品、化妆品等重点内容的整治活动。

（3）加强法制法规的建设，加大对企业违法行为的处罚力度。目前，我国法律法规对于制假售假的企业的惩罚力度较轻，其违法成本远小于其所获得利润，震慑的作用比较有限。

第十章
农村网购问题

82. 正确的网上购物流程是什么？ 应该如何选择付款方式？

　　网上购物的流程一般是：选择购物平台—注册账号—挑选商品—协商交易事宜—填写准确详细的地址和联系方式—选择支付方式—收货验货（—退货—退款—维权）—评价。

　　目前，国内较为流行的网上购物的付款方式有电子银行付款、第三方支付以及货到付款等。以下具体说说几种不同的付款方式：

　　（1）货到付款：选择货到付款，在订单送达时可以选择现金、POS 机刷卡、支票方式支付货款或通过各电商平台手机客户端"扫一扫"功能扫描包裹单上的订单条形码，用手机来完成订单的支付（扫码支付）。

　　（2）在线支付：选择在线支付，可以进入"我的订单"，点击"付款"，按提示进行操作；目前在线支付基本支持余额宝、银行卡、"网银＋"、微信、银联在线、网银钱包、信用卡分期等第三方方式，可以根据自己的使用喜好进行选择。

　　（3）分期付款：可以根据各平台的合作银行，按要求选择分期期数，如 3 期、6 期、12 期。在线分期可直接提交信用卡信息并认证，也可以电话分期等候电商客服致电以确认相关信息。

（4）公司转账：提交订单后选择线下公司转账会生成 15 位汇款识别码，可以按照提示到银行操作转账，然后进入"我的订单"填写付款确认。

（5）邮局汇款：订单提交成功后，可以按照提示到邮局操作汇款，然后进入"我的订单"填写付款确认。

（6）第三方支付：第三方支付是指具备一定实力和信誉保障的独立机构，采用与各大银行签约的方式，提供与银行支付结算系统接口的交易支付平台的网络支付模式。在第三方支付模式，买方选购商品后，使用第三方平台提供的账户进行货款支付（支付给第三方），并由第三方通知卖家货款到账、要求发货；买方收到货物，检验货物，并且进行确认后，再通知第三方付款；第三方再将款项转至卖家账户。其优点是相对比较安全：信用卡信息或账户信息仅需要告知支付中介，而无需告诉每一个收款人，大大减少了信用卡信息和账户信息失密的风险。

83. 消费者应该如何正确地进行网上购物？

第一，购买前：

（1）看：要注意查看商品信息。在买卖中由于买家没有看清商品描述或图片而导致纠纷的事件非常多。因此，为了避免不必要的纠纷，看清图片和描述是很有必要的。要分辨是商业照片还是店主自己拍的实物照片，而且还要注意图片上的水印和店铺名，因为有很多店家都是盗用其他人制作的图片。

（2）问：要注意与商家沟通联系。在购买商品时应注意及时和商家联系，同时还可以"讨价还价"，但最主要的还是要详细了解商品本身。

（3）查：查店主的信用记录。可以看其他买家对此款或相关产品的评价，如果有中差评，要仔细看店主对该评价的解释。

第二，购买中：

（1）确定购买商品后，要注意核实收货人信息。购买商品后应注意确定收货人的信息，如最好有手机或者固定电话两个号码，方便卖家或者快递公司等联系。

（2）选择正确交易方式，避免财物两空。使用第三方支付平台进行担保交易，可为买卖双方提供公平的交易保障。买家通过第三方平台支付，可在收到商品后对其进行检验，认为商品与描述相符，再完成付款给卖家。若商品存在问题，或与商家所承诺的不相符，可申请退款，避免或减少损失。而卖家亦可以在货到付款的情况下，避免不法买家收到商品后不付款的情况。切勿在未收到任何商品的前提下交付任何费用！

第三，购买后：

（1）卖家邮寄商品后，要注意查看发货的流程。卖家选择平邮商品超过15天或快递商品超过3天时，应注意联系卖家询问发货情况。同时还可以通过查看物流信息来掌握商品运送信息。

（2）收到网购商品后，要注意亲自查看商品质量。收到商品时应注意第一时间查看商品信息，具体查看商品是否与卖家发布的商品信息一致，有无人为的损坏或其他问题。如果商品有问题，可以选择拒签。

（3）成功交易后，尽量索取售货凭证。建议消费者在完成交易后，向卖家索要收据或者凭证，并妥善保管汇款单据等，同时保留与卖家的往来邮件或手机短信等资料，以备不时之需。

第四，刷卡消费留存根。

持卡人应尽量选择知名度高、信誉良好的电子商务网站进行网购；中国银联提醒，持卡人身份证号、银行卡号、银行卡密码、信用卡有效期和校验码（信用卡背面签名条上数字的后三位）以及交易短信验证码，都是涉及账户安全的重要个人信息，需妥善保管。若遇自称银行、银联、司法机构工作人员索要以上信息，需谨慎识别。

第五，网购时千万别蹭免费 WiFi。

正规的、有安全保障的 WiFi 通常都设置有密码，一方面是为了防止"蹭网"，另一方面也是出于安全的考虑。因此，使用免费 WiFi 时，可以浏览普通网站，但最好不要网购。最好别"乱蹭"免费无需密码的 WiFi。同时，也不要在网吧等公共电脑上进行任何支付操作。

84. 常见的网络诈骗手段有哪些？消费者应该如何提防？

农村网民一般对网络购物知识了解较少，以下是我们应了解的常见诈骗手段：

第一，购物退款诈骗。骗子冒充电商网站公司客服，拨打电话或者发送短信，谎称受害人拍下的货品缺货，需要退款，要求购买者提供银行卡号、密码等信息，实施诈骗。

防骗提示：

（1）用户应该定期修改购物账号的密码并设置为 15 位以上的复杂度高的密码，同时对自己的电脑进行杀毒，保障网购的安全环境。

（2）在遇到退款电话时，不要根据对方提示马上进行退款操作，要先咨询官网客服，询问订单是否因为一些原因需要退款。

（3）平台上个人主页的信息只能用户自己修改，其他人只能浏览而无法修改。

（4）官方平台不会私自修改个人主页的展示信息、个人信息。

第二，虚假购物诈骗。骗子通过网络、短信发布低价商品消息，一旦有消费者与其联系，即以缴纳定金、交易税、手续费等方式骗取钱财。

防骗提示：

（1）购买价格偏低的商品，要留心是否有假货嫌疑或是否为诈骗骗局，我们应尽量选择大的电商平台进行商品交易。

（2）对于在社交网站上发布的购物信息，要谨慎购买，特别要留意提供的网址链接，需要核对是否为合法备案网站，谨防钓鱼网站。

（3）所谓的"保障金""海关费"等均为骗子的话术，不要轻信。

第三，代付欺诈。骗子伪装成卖家，与买家谈好交易后，将一个伪装好的代付款链接发给买家，使得买家付的款项并不是先前谈好的商品，造成买家被骗。

防骗提示：

（1）在电商平台购买商品时，要使用电商平台提供的交流系统进行沟通，以便保证购物过程完整记录，遇到问题方便申诉解决，并且可以有效提示和拦截站外钓鱼网站。

（2）对于卖家发来的新商品或付款网址，要谨慎查看是否为真实的网址，谨防在钓鱼网站上支付。

（3）购物中价格变化，仅需要等待卖家调整后，再刷新一下页面即可，遇到发送新链接的情况，一定要注意辨别真伪。

（4）谨记购物平台网址，遇到不熟悉的网站，也可以通过查询备案信息来判断其是否合法和正规。

第四，虚假优惠券诈骗。网站发送仿冒的知名电商优惠券，用户需要登录后认领，但链接网址为钓鱼网站，一旦登录领取，就会造成账号被盗或直接支付。

防骗提示：

（1）领取优惠券、代金券时，要注意网址真伪，尤其再次需要登录时，谨防账号密码被盗。

（2）谨记知名电商网址，如不确定，可通过其他官方渠道核实后再领取。

（3）电脑、手机中安装安全软件，可以有效拦截钓鱼网站。

85. 消费者在网购时应如何提高防范意识，避免掉入各种消费陷阱？

（1）明辨正规电商，慎入钓鱼网站。消费者进行网络购物的时候，不能一味追求低价，要深入了解商家的信誉度、成交量和好评度，尽量选择正规可靠的网络交易平台，在同一个电商平台上也要尽量选择良好信誉的优质品牌和店铺购物。消费者要仔细辨别购物网站身份，辨别是否有红盾工商标志或者ICP备案信息，不要随意进入不明链接进行网购，以防不小心落入钓鱼网站上当受骗。

（2）研读促销规则，谨防优惠陷阱。面对"双十一"期间各大电商平台五花八门的促销活动，消费者要仔细研读，了解促销活动的各种具体细则，使用促销活动赠送消费积分或优惠券，要看清楚说明和附加条件。不要轻易被所谓优惠折扣所迷惑，一些貌似价格低廉或者折扣力度特别大的商品，可能只是商家的数字游戏，如虚标原价、先涨价再打折等，实际购买下来也许和正常价格没有多大区别，而且也可能存在其他消费陷阱。因此，消费者要客观理性看待各种促销活动，货比三家，三思而行。

（3）善用支付平台，拒绝私下支付。广大消费者要加强支付安全防范意识，网购时，尤其是进行大额交易时，不要接受商家任何私下支付的要求，即便商家以超强力度的优惠为条件，或者假称存在各种"迫不得已"的苦衷，消费者也应当拒绝对方的私下支付要求。如果消费者决定网购，一定要通过有信用、可靠的第三方支付平台中介付款，这样可以多一层消费保障。

（4）慎用微信购物，避免个人交易。微信购物大致分为两种：一种是直接通过私人微信账号进行买卖交易。如果商家是通过私人微信账号销售商品，通常不具备经营资质，一旦出现消费纠纷，维权难以保障，此种情形也不属于消费者委员会受理投诉的范围。另一种是通过微信认证的商家，这类商家一般在微信公众号上交易。这种渠道一旦出现纠纷，商家与微信平台都应当保障消费者的合法权益，消费者也可向消费者委员会求助。因此，消费者在微信购物前要了解商家的真实信息，确认商家是否通过微信认证，最好要求微商出示经营资质及手续、身份证明、姓名、联系方式及经营地址等信息。

（5）甄别代购渠道，选择可靠平台。近几年，海外代购风靡国内，各种代购渠道不断涌现，其中"朋友圈代购""跨境电商平台"规模不断壮大。"朋友圈代购"等属于私人海外代购，也就是公民个人的私下交易，售后问题难以解决，事后维权非常困难，该类纠纷也不属于消费者委员会组织投诉的受理范围。因此，对于各类代购信息、渠道，广大消费者要谨慎甄别，抵制低价诱惑，尽量选择正规、信誉度高、售后更有保障的跨境电商平台。

（6）留存相关证据，积极主动维权。消费者在购买过程中应收集和保存证据，包括宣传网页截图、聊天记录、付款记录、商家信息、订货单、发货凭证、发票等，为后期维权提供保障。一旦与商家发生纠纷，要积极维护自身权益。建议先通过客服平台发起维权投诉，提请平台客服介入调解、维权，同时也可以采取向工商部门申诉举报、向消费者委员会组织投诉等方式维权。

86. 消费者在网购中遇到诈骗或者交易中产生纠纷应该如何维权？

（1）网站平台投诉。各个大型购物网站都有自己的客户服务部门，处理各种交易纠纷。消费者可向网站提供假冒伪劣产品照片及聊天记录、交易记录等相关记录，进行投诉或举报。有刑事犯罪嫌疑的，各个大型购物网站还将向公安机关及时反映情况。

（2）网上报案。一旦遇到网购诈骗，应及时向公安部门报案。为避免更多消费者上当受骗，已受骗的消费者要及时向公安部门报案，请求公安部门去查封网站和骗子的手机电话及银行账号。消费者可向各地公安局网监处报案，也可电话报警。

（3）消费者协会投诉。与普通商品一样，网上购买的商品发生消费纠纷，也可向省、市消费者协会投诉。网上购物存在风险，消费者要尽量索取购物凭证或保存交易协议（包括电子版）等相关证据。网上购物的实际经销商大多数是外地公司，收货时要留意查看票据的公章。如果已购商品发生纠纷，应按属地管辖原则，向票据盖章单位所在地的有关部门投诉。

值得一提的是，2016年6月，全国消费者协会组织启动了中国消费者协会电商消费维权绿色通道（直通车），消费者网购被侵权且无法和商家达成和解时，可就近到省、市、区消费者协会投诉，消费者协会组织将反馈给涉事电商平台。今后，消费者再遇到网购纠纷，只要就近投诉到消费者协会组织，其就会将投诉信息录入系统并反馈给相关电商平台。电商平台会进行退赔等处理，无法和解的案件则将交由消费者协会组织处理。按规定，在接到消费者协会组织移交的消费者投诉后，电商企业或平台应在七个工作日内进行处理，七个工作日后仍未处理的，消费者协会组织将进行督办，电商企业或平台应在督办后三个工作日内进行处理。

（4）向快递公司投诉。有时网购商品是在寄送环节出了问题，并非商家有意欺骗，商品受损也应由快递公司承担责任，这时就可以打电话投诉快递公司。在国家邮政局等网站上有专门投诉平台，可以及时得到处理。

（5）向行政管理部门投诉。消费者可以根据投诉商品或服务的性质，向工商部门（12315）、质检部门（12365）、食品药品部门（12331）、物价部门（12358）等投诉。

（6）向市民服务热线（12345）投诉。各地政府部门为加强公共服务，设立了市民服务热线。市民拨打热线后，受理员会将投诉及时转交给相关部门办理。相关部门办理后会回复市民。因为相关部门还必须将办理结果反馈给市民服务热线，纳入考核，所以投诉一般能得到较好解决。

87. 怎样的商品不适用于七日无理由退货？

原国家工商行政管理总局颁布的《网络交易管理办法》，自2014年3月15日起施行，网购商品七日内可无理由退货。

（1）下列七类商品不适用于七日无理由退货。

实际中，一些经营者会对不适用无理由退货的商品类型进行扩大解释，一定程度上架空了无理由退货制度，往往导致消费争议发生。

根据原国家工商行政管理总局出台的《网络购买商品七日无理由退货暂行办法》第二章第六条规定，下列四类商品不适用七日无理由退货规定：①消费者定做的商品；②鲜活易腐的商品；③在线下载或者消费者拆封的音像制品、计算机软件等数字化商品；④交付的报纸、期刊。

第七条规定，下列三类商品经消费者在购买时确认，可以不适用七日无理由退货规定：①拆封后易影响人身安全或者生命健康的商品，或者拆封后易导致商品品质发生改变的商品；②一经激活或者试用后价值贬损较大的商品；③销售时已明示的临近保质期的商品、有瑕疵的商品。

（2）合理的拆封、调试也可退货。

《中华人民共和国消费者权益保护法》规定，消费者退货的商品应当完好。但该法对商品完好的内涵和标准未加以明确。实践中，有的经营者不仅要求商品本身完好，而且商品包装必须完整，甚至要求商品不得拆封、试用，一定程度上限制了消费者的权利。为此，《网络购买商品七日无理由退货暂行办法》对商品完好的内涵和标准进行了界定：商品能够保持原有品质、功能，商品本身、配件、商标标识齐全的，视为商品完好。明确了三大类商品价值贬损较大，"不完好"的判定标准：①食品（含保健食品）、化妆品、医疗器械、计生用品：必要的一次性密封包装被损坏；②电子电器类：进行未经授权的维修、改动，破坏、涂改强制性产品认证标志、指示标贴、机器序列号等，有难以恢复原状的外观类使用痕迹，或者产生激活、授权信息、不合理的个人使用数据留存等数据类使用痕迹；③服装、鞋帽、箱包、玩具、家纺、家居类：商标标识被摘、标识被剪，商品受污、受损。

消费者基于查验需要而打开商品包装，或者为确认商品的品质、功能而进行合理的调试，不影响商品的完好。

（3）《网络购买商品七日无理由退货暂行办法》明确了退货的程序。

首先，选择无理由退货的消费者应当自收到商品之日起七日内向网络商品销售者发出退货通知，七日期间自消费者签收商品的次日开始起算。

其次，网络商品销售者收到退货通知后应当及时向消费者提供真实、准确的退货地址、退货联系人、退货联系电话等有效联系信息。

再次，消费者获得上述信息后应当及时退回商品，并保留退货凭证。

最后，网络商品销售者应当在收到退回商品之日起七日内，向消费者返还已支付的商品价款。

消费者退货时应当将商品本身、配件及赠品一并退回。赠品包括赠送的实物、积分、代金券、优惠券等形式。如果赠品不能一并退回，经营者可以要求消费者按照事先标明的赠品价格支付赠品价款。

消费者要有保留证据的意识，将网购过程全部进行截图，并对实物进行拍照取证等。还要向网购第三方平台进行投诉，并保留好投诉的相关证据。需要特别注意的是，"网购七日无理由退货"是受法律保护的，消费者在发现网购商品存在问题后，要尽快维权，切勿超过七天。

88. 网购商品延期发货是否构成消费欺诈？遇到这种情况应该怎么做？

近年来，一些消费者在网购过程中发现经营者延迟发货，这是由于在一般网络商品交易活动中，经营者为了提高消费体验，往往在商品销售页面对商品交付（如会在销售页面提示××前下单，预计××月××日送达）作出承诺。而一些举报人以经营者延迟发货为由，举报经营者对消费者构成消费欺诈，但这并不成立，其不属于欺诈的表现形式。

（1）商品经营者发布的"预计送达"是一种不确定性的承诺，其意思表示不必然发生，且交付信息是买卖合同履约的内容，不涉及合同标的（商品）的要素，不能等同于经营者对商品信息的介绍。若经营者无法在预期内交付商品，我们认为该行为属于履约瑕疵行为，一般不影响买卖合同的效力。但该情况存在例外情形：在存在合同目的时效性的情况下，因延迟发货导致合同目的未能实现的，消费者可向经营者主张违约责任，因延迟发货导致财产、人身有损失的，还可向经营者主张侵权责任。例如，消费者因父亲节原因购买烟斗作为礼物，在购买时如实向经营者表达该意思，且经营者表示可在父亲节之前交付商品，但实际交付日期在父亲节之后，则可认定为合同目的无法实现之情形。

（2）根据《侵害消费者权益行为处罚办法》关于欺诈行为的法律条文，以及《中华人民共和国合同法》相关司法解释，欺诈行为需要满足经营者以故意的心理，告知对方虚假情况或隐瞒重大利益关系的情况，导致消费者错误处分财物，作出不符合内心本意的购买决策等行为要件。如前所述，经营者延迟发货属于履约瑕疵行为，从合同行为来看，该买卖合同不存在消费者重大误解的情况。同时在实际的经营活动中，难以认定经营者延迟发货具有主观故意的情况，一般情况下，网购消费者对交付商品日期有交易惯例的心理预期，故该项内容不能成为致使消费者错误处分财物的要素。

为避免商家延迟发货或打款后联系不到商家，买家在打款前应该先与商家沟通，确认商品是否有货，商家会在什么时候发货，以及选用的邮寄方式预计在几天内送达。若商家在承诺的时间内未发货，买家应及时联系商家，催促其发货；若因商品缺货或不可避免的原因导致商品不能如期发货，买家可与商家协商申请退款；若无法联系商家，买家可向网购平台客服求助，设法联系到商家，或通过平台客服申请退款。所以，建议广大消费者在网购时，选择正规的网购平台，并使用第三方担保交易，以避免打款后因商家不发货或无法联系商家而导致无法取回打款的情况出现。

89. 消费者向微商或者代购购买到的是假冒伪劣商品时，其消费者权益能否受到保障？

2018 年 8 月 31 日，第十三届全国人民代表大会常务委员会第五次会议通过《中华人民共和国电子商务法》，此法自 2019 年 1 月 1 日起施行。根据《中华人民共和国电子商务法》规定，电子商务经营者，是指通过互联网等信息网络从事销售商品或者提供服务的经营活动的自然人、法人和非法人组织，包括电子商务平台经营者、平台内经营者以及通过自建网站、其他网络服务销售商品或者提供服务的电子商务经营者。因此，微信朋友圈里的微商或者代购都属于电子商务经营者，将微商、网络销售等经营主体纳入电子商务法的调整范围后，不仅能促使他们合法经营，保护网购者权益，而且有利于整个行业的规范、健康发展。所以，当消费者向微商或者代购购买到的是假冒伪劣商品时，其消费者权益可以受到保障，受《中华人民共和国消费者权益保护法》以及《中华人民共和国电子商务法》的保护。

而在此之前，微商发展中时常出现假冒伪劣商品盛行、消费者维权难等问题，以及商家无节制发展代理、非法集资等症结。约束微商的，是相对软性的个人声誉、交情、朋友互信等。卖家如果真的撕破脸皮，抛开这些约束，消费者是很难维权的；同时，消费者如果到不熟悉的人那里买贵重东西，就很容易被骗。在《中华人民共和国电子商务法》颁布之前，消费者维权难。

90. 《中华人民共和国电子商务法》如何保护消费者知情权、选择权、公平交易权？

在《中华人民共和国电子商务法》颁布之前，一些不良经营者在网络上宣传虚假的购物相关信息，欺骗误导消费者尤其是农村消费者，加之农村消费者本身了解到的一些购物信息少之甚少，使得一些农村网民被诈骗甚至不敢购物。而《中华人民共和国电子商务法》的发布，使得消费者的权益得到了更好的保护。

（1）消费者的知情权将得到更好的保护。刷销量、刷好评、删差评等"炒信""刷单"行为，严重误导消费者，损害消费者的知情权、选择权。《中华人民共和国电子商务法》相关法条如下：

第十七条　电子商务经营者应当全面、真实、准确、及时地披露商品或者服务信息，保障消费者的知情权和选择权。电子商务经营者不得以虚构交易、编造用户评价等方式进行虚假或者引人误解的商业宣传，欺骗、误导消费者。

第三十九条　电子商务平台经营者应当建立健全信用评价制度，公示信用评价规则，为消费者提供对平台内销售的商品或者提供的服务进行评价的途径。

电子商务平台经营者不得删除消费者对其平台内销售的商品或者提供的服务的评价。

第八十一条　电子商务平台经营者违反本法规定，有下列行为之一的，由市场监督管理部门责令限期改正，可以处二万元以上十万元以下的罚款；情节严重的，处十万元以上五十万元以下的罚款："……（四）未为消费者提供对平台内销售的商品或者提供的服务进行评价的途径，或者擅自删除消费者的评价的。"

第八十五条　电子商务经营者违反本法规定，销售的商品或者提供的服务不符合保障人身、财产安全的要求，实施虚假或者引人误解的商业宣传等不正当竞争行为，滥用市场支配地位，或者实施侵犯知识产权、侵害消费者权益等行为的，依照有关法律的规定处罚。

本法一是明确规定电子商务经营者信息披露的一般义务，要求全面、真实、准确、及时披露商品或者服务信息，禁止以虚构交易、编造用户评价等方式进行虚假、引人误解的商业宣传，欺骗、误导消费者。二是要求电子商务平台经营者建立健全信用评价制度，公示信用评价规则，不得删除消费者评价信息。三是明确平台经营者未为消费者提供评价途径或者擅自删除消费者评价的，由市场监督管理部门责令限期整改，给予行政处罚，情节严重的，处最高五十万元以下罚款。四是明确电子商务经营者违反本法规定，实施虚假或者引人误解的商业宣传等不正当竞争行为，依照有关法律的规定处罚，如《中华人民共和国反不正当竞争法》。相关案例如下：

2018 年 3 月，河北省唐山市消费者杨女士投诉称，其在某平台购买的护肤化妆品怀疑为假货，与之前所用同款产品差距较大。之前自己因特价购买的面膜质量不佳给予差评，但该评价根本看不到。杨女士认为，消费评价是消费体验的重要一步，也是后续顾客购物的重要参考。故投诉该平台不顾消费者感受删除差评的行为。

（2）消费者的知情权、选择权将得到更好的保护。当前，电子商务经营者积累了大量用户的个人信息、交易记录等，并利用大数据对消费者进行个人画像，有目的地提供搜索结果，进行精准营销。有些平台甚至出现"大数据杀熟"的情况，引发公众不满。《中华人民共和国电子商务法》相关法条如下：

第十八条　电子商务经营者根据消费者的兴趣爱好、消费习惯等特征向其提供商品或者服务的搜索结果的，应当同时向该消费者提供不针对其个人特征的选项，尊重和平等保护消费者合法权益。

电子商务经营者向消费者发送广告的，应当遵守《中华人民共和国广告法》的有关规定。

第七十七条　电子商务经营者违反本法第十八条第一款规定提供搜索结果，或者违反本法第十九条规定搭售商品、服务的，由市场监督管理部门责令限期改正，没收违法所得，可以并处五万元以上二十万元以下的罚款；情节严重的，并处二十万元以上五十万元以下的罚款。

本法一是明确规定在针对消费者个人特征提供商品、服务搜索结果的同时，要一并提供非针对性选项，通过提供可选信息，保护消费者的知情权、选择权。二是要求电子商务经营者发送广告的，还应遵守《中华人民共和国广告法》的有关规定。三是明确违反本条规定的行政责任。相关案例如下：

一些消费者反映，在线预订酒店、预约车辆时遭遇平台、电商"杀熟"。一位姓廖的消费者称，自己经常通过某旅行服务网站预订某个特定酒店的房间，长年价格在 380 元到 400 元左右。偶然一次，他通过前台了解到，酒店房间淡季的价格在 300 元上下，用朋友账号查询后发现，果然是 300 元；但用自己的账号去查，还是 380 元。

（3）消费者的知情权、选择权、公平交易权将得到更好的保护。电子商务经营者在销售商品或者提供服务的过程中，经常采取使用很小的字号、默认勾选等各种方式，使消费者在不知情、难以察觉的情况下，出让一些权利或者被捆绑搭售。这种未经消费者明示同意变相强制搭售的行为，不仅有违诚实信用，也侵害了消费者的知情权、选择权、公平交易权。《中华人民共和国电子商务法》相关法条如下：

第十九条　电子商务经营者搭售商品或者服务，应当以显著方式提请消费者注意，不得将搭售商品或者服务作为默认同意的选项。

第七十七条　电子商务经营者违反本法第十八条第一款规定提供搜索结果，或者违反本法第十九条规定搭售商品、服务的，由市场监督管理部门责令限期改正，没收违法所得，可以并处五万元以上二十万元以下的罚款；情节严重的，并处二十万元以上五十万元以下的罚款。

本法规定，电子商务经营者搭售时的显著披露信息义务，禁止搭售作为默认同意选项及违反有关规定的行政责任，通过多角度规范，有力打击"默认勾选"等霸王行径。相关案例如下：

消费者通过一些网络平台预订机票时，在不知情的情况下，平台默认勾选航空保险、酒店优惠券等付费项目，有损消费者合法权益。此类经营模式在OTA（在线旅行社）企业普遍存在。中国消费者协会曾就此启动调查，敦促企业整改。2017年10月，消费者韩女士发微博称，作为某服务平台资深用户，曾多次发现并手动取消隐藏在订票信息下的"预选保险框"，但仍旧百密一疏被套路，为此，要求平台向公众致歉。

（4）消费者自主选择商品或者服务的权利将得到更好的保护。《中华人民共和国消费者权益保护法》第九条规定，消费者享有自主选择商品或者服务的权利。实践中，平台"二选一"的不正当竞争行为减少了可供消费者选择的平台内经营者、商品或者服务品种、数量，使消费者进行比较、鉴别和挑选的自主选择权受到侵害。《中华人民共和国电子商务法》相关法条如下：

第三十五条　电子商务平台经营者不得利用服务协议、交易规则以及技术等手段，对平台内经营者在平台内的交易、交易价格以及与其他经营者的交易等进行不合理限制或者附加不合理条件，或者向平台内经营者收取不合理费用。

第八十二条　电子商务平台经营者违反本法第三十五条规定，对平台内经营者在平台内的交易、交易价格或者与其他经营者的交易等进行不合理限制或者附加不合理条件，或者向平台内经营者收取不合理费用的，由市场监督管理部门责令限期改正，可以处五万元以上五十万元以下的罚款；情节严重的，处五十万元以上二百万元以下的罚款。

本法规定，平台经营者不得利用服务协议、交易规则、技术等，对平台内经营者的交易行为、交易价格、与其他经营者的交易等实施不合理限制、附加不合理条件，或者收取不合理费用。违反有关规定的，除由市场监督管理部门责令限期改正，处以罚款外，情节严重的，最高可处二百万元以下罚款。上述规定有助于解决平台欺凌电商的不正当竞争行为，有助于促进市场公平竞争，有助于保障消费者拥有更多的消费选择。相关案例如下：

2017年6月18日前后，某平台为保证促销中供应商及货品数量，锁定了后台商家。另一家平台则在自身强势品类服装上推出要求供应商"二选一"的对策，要求商家将其在另一家平台上的所有商品下架或自己将另一平台上的商品拍下架，并要求商家上公告、发微博、下会场，否则将采取措施严惩商家，停掉商家在其平台上的所有流量等。一些商家迫于压力，挂出公告或者通知，声称 6 月 6 日的所有订单作废，不再发货。

91. 《中华人民共和国电子商务法》对维护消费权益有哪些便利措施?

《中华人民共和国电子商务法》的发布，将会对消费者维权更加有利。

（1）平台经营者自营应显著标记，依法担责。一些网购平台在网页宣传上混淆自营业务与非自营业务，在消费者维权时又以平台经营者是非自营主体作为抗辩理由，拒绝承担责任。《中华人民共和国电子商务法》相关法条如下：

第三十七条　电子商务平台经营者在其平台上开展自营业务的，应当以显著方式区分标记自营业务和平台内经营者开展的业务，不得误导消费者。

电子商务平台经营者对其标记为自营的业务依法承担商品销售者或者服务提供者的民事责任。

第八十一条　电子商务平台经营者违反本法规定，有下列行为之一的，由市场监督管理部门责令限期改正，可以处二万元以上十万元以下的罚款；情节严重的，处十万元以上五十万元以下的罚款："……（三）未以显著方式区分标记自营业务和平台内经营者开展的业务的。"

本法规定平台经营者开展自营业务的，要以显著方式区分标记；对标记为自营的业务依法承担销售者或者服务者的民事责任，防止平台经营者从事自营业务营利，发生问题时却推诿塞责，逃避监管。同时明确违反规定的罚则，保障法律规定有效落地。相关案例如下：

2016 年 5 月，范先生在某网购平台购买四款标称"自营"的品牌手表。收货后发现，商品说明书载明的手表材质与宣传不符。检测结果也证明了这一点。在诉讼维权过程中，该网络平台辩称"自营"不是平台经营者自营，是平台所属集团下属公司经营，平台经营者非适格被告，要求驳回消费者起诉。

（2）平台经营者未尽自身应尽义务，应依法承担责任。《中华人民共和国电子商务法》相关法条如下：

第三十八条　电子商务平台经营者知道或者应当知道平台内经营者销售的商品或者提供的服务不符合保障人身、财产安全的要求，或者有其他侵害消费者合法权益行为，未采取必要措施的，依法与该平台内经营者承担连带责任。

对关系消费者生命健康的商品或者服务，电子商务平台经营者对平台内经营者的资质资格未尽到审核义务，或者对消费者未尽到安全保障义务，造成消费者损害的，依法承担相应的责任。

第八十三条　电子商务平台经营者违反本法第三十八条规定，对平台内经营者侵害消费者合法权益行为未采取必要措施，或者对平台内经营者未尽到资质资格审核义务，或者对消费者未尽到安全保障义务的，由市场监督管理部门责令限期改正，可以处五万元以上五十万元以下的罚款；情节严重的，责令停业整顿，并处五十万元以上二百万元以下的罚款。

上述第三十八条第一款规定了平台经营者对平台内经营者侵害消费者合法权益行为的制止义务。与《中华人民共和国消费者权益保护法》第四十四条第二款相比，一是将平台经营者"明知或者应知"的情形修改为"知道或者应当知道"，有利于减轻消费者的举证责任；二是对平台内经营者利用其平台侵害消费者合法权益的情形进行了细化，明确提出"销售的商品或者提供的服务不符合保障人身、财产安全的要求，或者有其他侵害消费者合法权益的行为"，增强了法律的指引作用。

第三十八条第二款在《中华人民共和国消费者权益保护法》没有规定的平台经营者未尽到自身应尽的义务，如对平台内经营者的资质资格审核义务、对消费者的安全保障义务，造成消费者损害的法律责任方面，作出了"依法承担相应的责任"的规定。根据全国人大常委会法工委经济法室副主任杨合庆就《中华人民共和国电子商务法》有关问题答记者问，依法承担相应的责任，包括平台经营者未尽到上述义务，按照《中华人民共和国侵权责任法》等法律，构成共同侵权的，应当承担连带责任的情形。另外，除了上述的民事责任以外，《中华人民共和国电子商务法》还规定，如果平台有相关的违法行为，还要依法承担行政责任和刑事责任。

相关案例如下：

2018 年 5 月、8 月，某航空公司空姐李女士、浙江温州赵女士分别乘坐同一网约车平台的不同顺风车后，被顺风车司机强奸杀害。据报道，该平台存在对司机审核及人车一致问题管理不善、缺乏便捷有效的紧急救助方式、对消费者投诉处理管理不到位等问题，引发社会广泛关注。

（3）强化经营者举证责任，保障消费者依法维权。在消费维权过程中，消费者经常遇到举证难的情况。特别是在电子商务交易中，有关合同、交易记录等证据大多为电子商务经营者拥有。发生消费纠纷时，消费者如事前未做好证据留存，往往处于非常弱势的地位。一些电子商务经营者甚至伪造、篡改、销毁、隐匿相关证据，使消费者维权更加困难。《中华人民共和国电子商务法》相关法条如下：

第六十二条　在电子商务争议处理中，电子商务经营者应当提供原始合同和交易记录。因电子商务经营者丢失、伪造、篡改、销毁、隐匿或者拒绝提供前述资料，致使人民法院、仲裁机构或者有关机关无法查明事实的，电子商务经营者应当承担相应的法律责任。

本法规定平台经营者、平台内经营者都有提供相关证据的义务，如原始合同、交易记录等，并规定丢失、伪造、篡改、销毁、隐匿或者拒绝提供前述资料，由电子商务经营者承担不利法律后果。这一规定有助于改变消费者的弱势地位，便于有关司法机关等查明事实，强化对消费者的保护。相关案例如下：

莫先生发现某网上购物平台有抢拍 iPhone 促销活动，此时活动规则并未限制购买数量，于是通过活动拍下 iPhone8 手机 2 台。但是之后平台只为第一个订单发了货。莫先生询问原因，平台回复称活动已经修改为每个客户只能拍一台，多拍无效，并且实际以修改过的活动规则为准，拒绝给第二个订单发货。

莫先生认为网上订单与合同应有同等法律效力，平台应按照原规则、原订单发货。

（4）付款成功，电子商务经营者不得随意毁约。《中华人民共和国电子商务法》相关法条如下：

第四十九条　电子商务经营者发布的商品或者服务信息符合要约条件的，用户选择该商品或者服务并提交订单成功，合同成立。当事人另有约定的，从其约定。

电子商务经营者不得以格式条款等方式约定消费者支付价款后合同不成立；格式条款等含有该内容的，其内容无效。

针对消费者遇到的电商随意"砍单"问题，本法规定，电子商务经营者发布信息符合要约条件的，用户选择商品或者服务并提交订单成功，合同成立。平台经营者、平台内电商不得以格式条款等方式，为自己的毁约行为制造借口。格式条款等含有消费者支付价款后合同不成立的，其内容无效。此相关规定有利于督促经营者诚实守信，切实履行合同义务，减少消费者的维权困扰。相关案例如下：

2017年，北京市消费者协会开展调查共征集到电商"砍单"案例148件。其中，有超过一半的"砍单"案例发生在平台内商家，其次是电商平台自营和厂家官网。"砍单"的理由主要有商品缺货、操作失误、系统出错、产品质量、订单异常等。调查针对8个大型电商平台的网站页面、注册用户和购买下单过程进行体验，其中有6个网站利用格式条款规定，消费者成功下单并付款后，并不代表双方已建立合同关系，只有商家确认发货后，才算合同成立。有的网站甚至规定，在任何情况下，由于商品缺货对消费者带来任何损失不负任何责任。

后 记

　　出版社李老师催我写后记，我看了小伙伴们写出自己动人的乡村情缘，自己却一直无法下笔，不知从何说起。

　　我出生在新疆温泉，两岁多就回到家乡河南的一个小县城，农村于我只是个毫无瓜葛的符号。读高中的时候有几个要好的高中同学倒是农村来的，他们都住校，每天早上下了早自习不回家，在学校的食堂排队打饭。有一次因为时间仓促来不及回家，我也和他们一起排队打饭，5毛钱两个馒头还有2毛钱的青菜。看到这些，我感觉到农村孩子生活的艰辛。

　　再后来，我来广东读大学，专业学的是农村金融，但最终也没能回到农业银行工作，和农村有一次失之交臂。好在大学时代还参与过一些农村社会保障的调研，对于农村、农民的生活有些点滴了解，也萌生了要为他们做些什么的想法。

　　半年前，这套丛书的主编——何丞师兄找到我，让我写其中的幸福乡村部分。师兄读研究生时代就是有名的笔杆子，他的任务我一般都会欣然应允。然而写作过程相当艰涩，涉及农村基层户政、路政、交通、房管、医保、教育，这些和我的专业联系不大，但是每一个方面却都和农民的利益息息相关，尤其是土地房屋、农村医疗还有农村教育。为了能够准确把握国家的相关政策，我们写作小组只能一边收集资料一边热烈讨论，哪些政策应该写进来，哪些案例最有说服力都要反复推敲、论证。尽管如此，两个月前第一次收到出版社的修改稿时，看到密密麻麻要修改和订正的文字，我真想有个地洞钻进去，再也不愿去面对。

回望过去，虽然写作过程不很顺利，但是当我想到这本书能为农民兄弟认识和了解民生政策有所帮助，自己就觉得还是为他们做了点实事，也了却了多年前的一个夙愿，圆了自己和农村、农民的情缘。

杀青之际，首先感谢出版社的李老师，她认真严谨一丝不苟的专业精神令人敬佩，感谢编辑室的所有老师，他们的辛勤付出才使拙作得以面世！还要感谢本书写作小组的各位干将：马子阳、方振宇、陈思远，他们是我的学生，在这本书的写作过程中都倾注了大量的心血和汗水，值此收官之时，请允许我向他们的辛勤付出致敬！

往事已矣，只愿若有来生，也能做一回真真正正的农民，一个中国特色社会主义新农村的农民！

盖翊中

2019 年 8 月